本书编委会

主　编：李悦新

副主编：李　娟

编　委：陈绍琴　丘文梅　李　薇

　　　　吴美玲　熊　沁　郭　艳

　　　　郑　超　方静蓉　胡　杰

　　　　李　韵　吕俊伟　余雪云

　　　　曾方君

丛书总序

实践,课程最美的语言

西方课程研究已有百余年历史,对课程实践影响比较大的当属课程开发模式研究。西方课程开发模式主要有以下几种:一是目标模式,它以明确的目标为中心开展课程研制,其代表人物有博比特、泰勒和布卢姆;二是过程模式,它旨在通过详细说明内容和选择内容,遵循程序原理来进行课程研制,代表人物是斯滕豪斯;三是情境模式,它强调社会文化情境的分析,反对脱离社会现实及学校具体情境的课程方案研制,劳顿和斯基尔贝克是其主要代表人物;四是实践模式,以施瓦布为代表,他认为,通过课程审议洞察具体的实践情境,提出可供选择的方案是课程开发的重要任务。

自 20 世纪 90 年代以来,课程研究者逐渐不再局限于依据某种单一的课程理论来进行课程设计,而是根据培养目标、学习者的特点等对多种课程设计理论进行整合,以实现课程开发目标。如我国课程学者在批判继承东西方课程理论合理内核的基础上提出了"人化—整合"课程研制方法论,指出了该方法论的教育学标准、范式坐标、本质特征及框架设想。(参见郝德永在 2000 年于教育科学出版社出版的《课程研制方法论》。)

创新是理论研究的生命。被誉为"现代课程理论之父"的泰勒在他的专著《课程与教学的基本原理》中提出,课程研究必须关注"四个基本问题":学校应该达到哪些目标? 提供哪些教育经验才能实现这些目标? 怎样才能有效地组织这些教育经验? 我们怎样确定这些目标正在得到实现? 这四个基本问题构成了课程与教学的基本原理,为课程开发提供了坚实的理论基础和可靠的实践范式。我们提出的"首要课程原理",是置身中国课程改革实践,吸纳西方课程研究成果,采取整合融贯的思维方式,在充满张力的文化场域中进行综合创造的结果。它创造性地将泰勒的"四个基本问题"发展为学校课程实践的"五个基本原理":聚焦学习原理、情境慎思原理、文化融入原理、目标导引原理和扎根过程原理。其研究旨趣不是宏大庄严的理论,而在于回应课程变革的现实需求,更好地提升学校课程品质。

1. 聚焦学习原理:儿童成长是课程的焦点

杜威说:"儿童和课程仅仅是构成一个单一的过程的两极。"他以全新的视角揭示了一个观点,即课程内容的逻辑顺序与儿童生长的心理顺序在本质上是一致的,它们都是儿童主动活动的结果。为此,他提出要研究儿童不同发展阶段的需要与可能性,给儿童提供有助于其"生长"的课程。他说:"儿童的世界是一个具有他们个人兴趣的人的世界,而不是一个事实和规律的世界。儿童世界的主要特征,不是什么与外界事物相符合这个意义上的真理,而是感情和同情。"(杜威语)儿童需求是课程的核心,孩子们需要什么、喜欢什么,就给他配什么样的课程。杜威说:"兴趣的价值在于它们所提供的那种力量,而不是它们所表现的那种成就。"这充分体现了儿童的"兴趣"和"感情",融通了"科学世界"与"生活世界"的诉求,它让每一个孩子乐在其中,有所感、有所思、有所悟、有所得。聚焦学习,回归生长,让儿童处于课程中央,这是学校课程深度变革的追求。

2. 情境慎思原理:清晰学校课程变革的起点

课程生成于特定的时代背景与文化架构之中,是文化选择的结果,我们不能脱离社会现实及学校具体情境在"真空"中开发课程。只有在"情境慎思"的基础上,我们才能准确把握学校课程变革的宏观背景,深刻理解课程变革的文化架构,进而准确地揭示课程的本质,制定出立足在地文化资源、基于学校发展实际的课程方案。英国课程学者劳顿指出:课程开发必须关注宏观文化背景,研制课程要先进行"文化分析"。除了关注宏观文化背景,还要对学校微观情境进行分析,将关注的焦点放在具体学校和教师身上。这是英国课程学者斯基尔贝克课程开发"情境模式"之核心观点。

3. 文化融入原理:让思想的光辉映照学校课程

在不少人的眼里,课程就是分门别类的"学习材料"。当我们走出这种视野,把课程理解为每一个人活生生体验到的存在的时候,课程就具有了全新的含义,它不再只是一堆材料,而是一种"复杂的会话",一种可以进行多元解读的"文本"。通过"解读"我们可以获得多元话语,通过"会话"我们可以得到关于课程的独特理解。派纳说:"课程是一个高度符号性的概念,它是一代人努力界定自我与世界的场所。"它允许人们从不同的视域来理解课程,通过个性化的"复杂会话",课程那被久久遗忘的意义得以澄明："学校课程的宗旨在于促使我们关切自己与他人,帮助我们在公共领域成为致力于建设民主社会的公民,在私人领域成为对他人负责的个体,运用智力、敏感和勇气思考与行动。"在这里,"课程不再是一个事物,也不仅是一个过程。它成为一个动词,一种行动,一种社会实践,一种私人的意义,一种公共的希望。"

4. 目标导引原理:让学校课程变革富有理性精神

如前所述,泰勒提出了课程开发的基本问题即著名的"泰勒原理"。由此,他建立了课程研制活动的四个基本环节:确定基本目标,选择学习经验,组织学习经验,评价学习结果。我们认为,学校课程变革不是漫无目的的"撒野",而是基于目标的牵引,匹配课程、实施课程、评价结果的过程,是让理性精神照耀学校课程变革的过程。

5. 扎根过程原理:激活学校课程变革图景

英国课程学者斯滕豪斯在 1975 年出版的《课程研究与研制导论》中,首倡课程开发的过程模式。过程模式重视基于"教育宗旨"的课程活动过程,强调通过对知识形式和活动价值的分析来确定内容,主张通过加强教师的发展来激活学校课程,要求教师在课程开发过程中,通过反思澄清隐含在课程实践过程中的价值要素,提升课程实践过程的价值理解力和判断力。美国课程学者施瓦布认为:课程是一个相互作用的"生态系统",它是建立在对课程意义的"一致性解释"基础上,通过这个"生态系统"要素间的相互理解、相互作用,实现学生学习需求的满足和德性的生长。因此,课程变革必须激活包括教师和学生在内的课程实践过程,回归课程的实践旨趣。

我们认为,"首要课程原理"是对课程现象、课程关系及其矛盾运动的理性认识,是建立在客观的课程事实、课程现象基础上的,通过归纳、演绎等科学方法,由概念、判断和推理构成的观念体系。它不是零碎的观点,有着自己独特的形式结构,是由不同要素构成的复杂理念系统。"首要课程原理"也是动态生成的观念系统,不是金科玉律式的教条,不是封闭的符号化知识体系,而是有待改进与完善的学校课程变革建议。"首要课程原理"具有实践浸润性,不是理论循环自证的形上之思,它是为了课程实践,通过课程实践,在课程实践中,浸润在实践与实验中不断生长的课程理论。

实践,课程最美的语言。经过十多年的实验与研究,我们深深感受到,学校课程实践的复杂性需要整合性的课程理论架构作指导。"首要课程原理"是在潜心梳理现有课程理论成果过程中,发现其固执一端的弊端而获得方法论启迪的,它是以综合创造思维对各流派课程理论进行概括、提炼与建构的结果。它是课程研制要素在时间和空间上相对稳定的联系方式的理性表达,既是从过去状况到现实经验的情境分析,也是对课程理想状态的整体设计。可以说,"首要课程原理"是课程理论的精华与课程实践的智慧,具有观点深刻性、架构系统性及实践指向性等特点。

"品质课程实验研究丛书"是我们运用"首要课程原理"开展课程行动研究,促进一批学校推进课程深度变革的成果。我们期望通过试验与实证、归纳与演绎,逐步完善"首要课程原理"系列命题,建立理论性与实践性并存、可重复、可操作的课程知识体系,真正提升学校课程实践品质。

课程是理论的实践表达,理论是实践的理性观念,让课程理论与实践良性互促是课程研究的神圣使命。富有原创性的课程理论,不仅启发无尽的思考,也启示实践的路向,激发课程变革的热情。一种好的理论,应当顶天立地,上通逻辑,下连实践,体现思辨的旨趣,充满生命活力。

杨四耕

2019 年 5 月 1 日于上海市教育科学研究院

目录

总论　学校课程发展策略 / 1

一　课程哲学：学校课程发展需要确立理念 / 3
二　课程目标：课程理念指引课程目标的设置 / 6
三　课程体系：依据课程目标设置课程体系/ 9
四　课程实施与评价：推进学校课程建设向前发展/ 13

第一章　S：自我与社会课程/ 35

好的教育应该让儿童从一开始就体验到发现的快乐，通过最纯粹的与人接触的方式，获取最能打动人心的智慧经验。学校课程应该让儿童在参与中体验，在体验中感悟，在感悟中收获，关注自我，关心社会，让自己融入社会，茁壮成长；让孩子们熟悉校园环境，在不同的社会小环境，学会运用恰当的方式在不同情境中表达对社会的谢意，养成心怀感恩的美好品质，让爱传递，让爱充满人间。

课程现场 1-1　乐乐上学了 / 40
课程现场 1-2　感恩他人　快乐同行 / 44
课程现场 1-3　感恩社会　让爱传递 / 49
课程现场 1-4　感恩自然　拥抱美好 / 54

第二章　M：科学与探索课程/ 59

　　假如我有一双翅膀,我要环游全世界;假如我有一对鱼鳍,我要探索海底世界。生活的意义在于无穷无尽地探索未知的世界。科学所打开的世界越来越辽阔,越来越奇妙。科学尊重事实,服从真理,不会屈服于任何权威。老师要善于激发学生主动探索的积极性,鼓励学生提出质疑,追根究底。我们希望每一个孩子都成长为会思考、会探索的智慧少年。

课程现场2-1　百变化学 / 63

课程现场2-2　奇妙生物社 / 67

课程现场2-3　乐乐去实践(一年级) / 72

课程现场2-4　乐乐去实践(四年级) / 77

课程现场2-5　乐乐去实践(五年级) / 81

课程现场2-6　七巧世界 / 85

课程现场2-7　巧移火柴棒 / 89

课程现场2-8　魔法方阵 / 94

课程现场2-9　神奇魔方 / 98

第三章　I：艺术与审美课程/ 103

　　好的教育应该是一种发现美的教育,它能启迪智慧,提高修养,陶冶情操;好的教育更应该是一种打动心灵的教育,它能开阔视野,充实生活,丰富人生。学校课程应关注人格的健全发展,充分利用学生的生活经验和社会文化资源,鼓励学生进行体验性、探究性和创造性的学习,为学生提供生动有趣、丰富多彩的课程资源,拓展艺术视野,陶冶审美情趣,提高整体素质,使得学习成为有趣的体验,让每一个学生都能感受成功。

课程现场 3－1　彩泥俱乐部擂台赛 / 107

课程现场 3－2　笔墨书韵 / 110

课程现场 3－3　歌声与微笑 / 115

课程现场 3－4　乐乐当家 / 119

课程现场 3－5　能说会道 / 122

课程现场 3－6　美少女进行时 / 126

课程现场 3－7　绚丽多彩的儿童服饰 / 131

课程现场 3－8　戏剧大舞台 / 137

第四章　L：语言与交往课程/ 141

当今社会沟通的方式有很多，但没有哪一种比语言更为重要。语言是人类思维交际的重要工具，是进行沟通的主要表达方式，它让人与人的心贴得更近，让文化的交流更为融洽。如果说交流是帆，那么语言就是风，将人与人之间的小船传送到恬静的港湾。让我们掌握好语言，用好语言，让语言发挥最大的功用，真正成为沟通的桥梁吧！

课程现场 4－1　英语歌曲童谣表演比赛 / 146

课程现场 4－2　有趣的英语拼读 / 151

课程现场 4－3　攀登英语口语童谣 / 155

课程现场 4－4　英语沙龙之缤纷短剧 / 159

课程现场 4－5　英语沙龙之趣味配音 / 163

课程现场 4－6　乐吟歌谣 / 167

课程现场 4－7　趣言童话 / 172

课程现场 4－8　校园"十大小作家" / 176

课程现场 4－9　诵读经典之童诵经典 / 180

课程现场 4－10　诵读经典之"甜"吟"蜜"咏 / 185

课程现场 4－11　诵读经典之读经典、承传统 / 189

课程现场 4－12　普通话与口才（一二年级）/ 193

课程现场 4－13　普通话与口才（三年级）/ 197

第五章　E：运动与健康课程 / 201

身体是灵魂的住所。只有具有健康心灵、具有强健体魄，拥有坚强意志力，充满生机与活力的民族，才是一个生命力旺盛的民族！要形成文明的精神，必先磨炼其强健的体魄。体育运动能激发隐藏的人格魄力，能传达善良的情感共鸣，传递着目标达成中执着追求、永不言败的坚定信念。因此，运动与健康课程对学生的健康成长以及整个社会的进步都有着积极而深远的意义。

课程现场 5－1　亲子趣味运动会 / 206

课程现场 5－2　班旗、会徽设计 / 209

课程现场 5－3　快乐轮滑 / 212

课程现场 5－4　拳力以赴 / 216

课程现场 5－5　羽球飞扬 / 221

后记　微笑课程：学校文化的一道亮丽风景 / 227

总论

学校课程发展策略

广州开发区第二小学创办于1997年9月,是广州市特色学校、广东省一级学校。目前,学校一校三址(南校区、北校区、东校区),已走上集团化办学之路,拥有42个教学班,1 500多名学生,100名教职员工。在近二十年的发展历程中,开发区二小在办学理念更新,师资队伍建设,教学条件、办学环境、校风、学风、品牌建设等方面均取得了显著成效。近年来,学校"微笑教育"办学经验和成果先后被《中国教育报》、《语言文字报》、《今日财富报》、《名校速递》、《中国教师》、《中小学德育》、《师道》、《小学语文》、《师道教研》、《广州日报》等国家级和省市级报刊以及广东电视台现代教育频道、开萝电视台等新闻媒体进行了报道,学校探索与践行"微笑教育"办学思想的渐进式发展历程也由此得到见证,并得到了极高评价。2016年学校还被评为"广州好学校",由北京师范大学出版社出版专著《有一种教育叫微笑》,专门介绍学校的办学经验。学校的"微笑教育"品牌已经形成,并成立了全国微笑教育联盟,而本校则是唯一的一所微笑教育实践基地校,在全国已经有了一定的影响。

一 课程哲学:学校课程发展需要确立理念

我校的教育哲学是"微笑教育"。所谓"微笑教育"就是教育者用微笑的文化精神和微笑的方法开展教育活动,从而促进师生的人格素养、心智情商、个性潜能共同成长和全面发展。

微笑教育是自信的教育。信任自己,信任他人,信任世界。一个发自内心的微笑,说明对当下的处境感觉到舒适、可控。微笑是基于自信的乐观表达,能经受住挫折,微笑迎接挑战。自信是微笑的心理基础,因而微笑教育的根基就立足于自信,微笑教育目的是让教育活动中的每一个参与者都能成为灵魂独立、自信的人。

微笑教育是友善的教育。微笑包含着友善和理解,意味着真诚和爱意,是一种亲和友好的态度。基于友善的微笑,有利于建构和谐的关系和相互认同的文化。在友善的微笑中,欣赏、尊重他人,鼓励他人的行为,发现他人的优点和长处,主动愉悦他人也愉悦自己。一个友善的微笑传递了赞许、理解、关爱、包容等积极信息。微笑教育就是这样的沁人心脾,润物无声。

微笑教育是和谐的教育。海纳百川,有容乃大,教育活动中的每一个人都应该尊重他人,尊重多元化,彰显个性而又互相欣赏。"和而不同"是微笑教育的心理形态,是一种人生智慧。所谓智慧:智是大脑的分析能力,慧是人的道德品质,一个聪明伶俐且道德高尚的人,才是有智慧的人,才会流露出会心的微笑。微笑教育就是要孕育一种和谐、多元、兼容并蓄的校园生态系统,而这一温情、美好、充满人性智慧的生态体系需要用"礼乐文化"来构建,用"平等与合作"来推进。

微笑教育是积极的教育。微笑教育就是要把教育对象培养成乐观、阳光、正能量;自尊、自爱、自信、自强的人。微笑教育是一种积极教育,说到底,就是自我管理、自主发展、克服困难、追求进步。让我们的教育对象不论是在顺境还是逆境中都能发自内心地保持积极向上的精神,微笑面对人生中各种挫折与挑战。主张精神激励,创新竞争、评价机制,是微笑教育的最佳策略。微笑教育注重施教者与教育对象在教育活动中的情感交流与心理发展,微笑教育源于心理健康教育,又超越心理健康教育,它旨在培养学生良好的心理素质,呵护学生的情绪,使其形成积极向上的心理倾向。微笑教育能够使教师保持愉悦的心情去感染学生,激励学生,其创新意义就在于教师释放爱,教会学生爱别人、爱自己。

微笑教育是诗意的教育。微笑是人世间最美的语言,微笑教育是教育大花园中的一朵曼妙无比的奇葩。当那蕴含着包容、理解、友善、灵性与智慧的微笑溢满美丽校园,长留在每一个人的心中时,微笑教育便将人导向高尚、有教养的道德境界。在这里,教师诗意工作,孩子诗意成长,校园充满诗意,课堂散发诗意,生命绽放出诗意的光芒。

基于上述学校教育哲学,我校提出了"今天,你微笑了吗?"的办学理念。这里,我们表明一种心态:自信地面对每一天!这里,我们关注一个过程:快乐地过好每一天!这里,我们强调一种结果:每一天都是收获的一天!这里,我们寄托一种希望:希望每一位二小人都拥有快乐的人生!

我们的教育信条

我们坚信,

微笑是春雨,

能滋润孩子渴求的心房;

我们坚信,

微笑是阳光,

能给孩子带来光明和希望;

我们坚信,

微笑是良药,

能给孩子受创的心灵疗伤;

我们坚信,

微笑是雨伞,

能把孩子成长路上的风雨遮挡;

我们坚信,

微笑是最美的表情,

能给腾飞的梦想提供无限的力量!

基于上述理解,我校课程理念是"让孩子们微笑每一天"。教师通过开发丰富多彩的课程,以高尚的人格魅力和教育艺术感染学生,用发自心底的爱去滋润学生的心田,点燃学生的学习欲望,使他们在充满师爱的学习氛围中经常保持满足、快乐、积极、稳定的情绪,发展潜能,情智并举,建立积极的人生观、世界观,始终笑迎生活、笑对生命,自信地走好每一步。这就意味着:

1. **课程即个性发展。**让微笑作为一种力量流淌在孩子们的血液里。每一位学生都有自己的个性和特长,都有兴趣与需求、苦恼与失落。我们的课程要解放孩子的个性和特长,保护孩子纯真的童心和多样的个性,帮助他们发掘自身的优势潜能,使其个性特长得以充分鲜明地发展,即"全面发展,张扬个性"。

2. **课程即生命体验。**让微笑作为一种体验践行于孩子们的生命历程中。有所经历,才有所阅历;有所经历,才有所收获;有所经历,才有所成长。课程的实施就是让师生去体验、去参与,从而唤醒对知识的兴趣;视参与为成功,让孩子们在学习过程中收获好心情,收获经验,收获智慧,最终收获成功。

3. **课程即需求满足。**让微笑作为一种养料滋养学习者的生命。学生和教师在成长的过程中不仅有增长知识的需求,有发展情感、意志、态度、价值观的需求,更有培养自信、勇敢、独立等能力的需求。合理的课程设置能够使师生的教育学习过程成为需求满足的过程。

总之,课程应是师生互动、生生互动,共同发展的课堂,它既注重知识的生成过程,又注重学生情感体验和能力的培养。在"今天,你微笑了吗?"的办学理念引领下,我们的学校课程建设将开启每个孩子的生命成长之旅,让孩子们微笑每一天。

二 课程目标:课程理念指引课程目标的设置

学校课程设置以"微笑教育"为指引,从"品德、学识、体格、才艺、心灵"等五个方面着手,培养绽放生命微笑的优秀少年。学校努力让每个二小学子都成为品性善良、聪慧好学、活力飞扬、才艺多元、阳光自信的人。

> 品性善良:纯真温厚、真诚待人、乐善好施;
> 聪慧好学:智慧质仁、乐学不倦、善思明理;
> 活力飞扬:朝气蓬勃、活泼有力、个性张扬;
> 才艺多元:自我提升、多才多艺、全面发展;
> 阳光自信:积极向上、坚信笃行、自强不息。

育人目标是通过课程目标去达成的,为了实现我校育人目标,我们将学校的育人目标细化为以下课程目标,见表1:

表 1　广州开发区第二小学课程目标表

育人目标＼课程目标	低年段	中年段	高年段
品性善良	1. 初步培养学生的爱心,对身边的人和事都有善意。 2. 初步培养学生的同情心,学会同情弱者,学会尝试帮助别人。 3. 初步培养学生的宽容与感恩之心,学会原谅他人的过错。 4. 初步培养学生的温柔心,学会用文明礼貌用语温柔地对待身边的每一个人。 5. 初步培养学生的热心,尝试参加班级和学校的各项活动。	1. 积极主动帮助身边需要帮助的同学,体会助人之乐。 2. 积极主动参加班级与学校的各项活动,热心为学校与班集体服务。 3. 能和同学文明交往,不说脏话,不打架不骂人,言谈举止文雅有礼。 4. 借助《心怀感恩》校本教材的教学,培养学生常怀感恩之心。	1. 能坚持尽自己的能力真诚热情地帮助身边的每一个人,并能提出自己好的建议与意见,不以回报与表扬为目的。 2. 有辨别是非的能力,对发生在班级或校园里的不文明的行为敢于制止,有正义感。 3. 借助"感恩大课堂"的实践活动学习,进一步培养学生的感恩与仁慈之心。 4. 能忍让他人,控制自己的情绪,能做到很少在别人面前发脾气,在帮助别人的同时也能很好地保护自己。
聪慧好学	1. 热爱学习,基本养成良好的学习习惯;能明白自己的主要任务是学习。 2. 培养学生的求知欲,激励学生积极参与课堂,学会开口表达自己的想法。 3. 培养学生的课外阅读习惯,坚持每天 30 分钟的亲子阅读。 4. 学会积极探索新鲜事物,对学校每年举办的英语节、数学节、科技节以及书香节有着浓厚的兴趣。	1. 热爱学习,形成浓厚的学习兴趣,能注重联系实际。 2. 善于学习,勤于思考,勇于表达;初步具备独立学习、思考和分析的能力。 3. 养成读书、读报的良好习惯,并有意识地进行记忆和知识储备;坚持每天至少阅读科普文章 1 小时。 4. 敢于探索新鲜事物,主动参加学校的英语节、数学节、科技节以及书香节,在活动中锻炼自己,并有一定的收获。	1. 热爱学习,保持浓厚的学习兴趣,能灵活运用所学知识。把学习当作需要,有自己的学习目标,能制定科学合理的学习计划,高效完成学习任务。 2. 爱思索,爱观察,有计划,学习中能提出疑问,善于总结自己的学习方法。 3. 能进行较为深入的思考,有个人观点,并能够有条理地陈述、表达。 4. 主动阅读国内外经典文学作品,喜欢交流与分享。 5. 积极主动报名参加学校每年举办的英语节、数学节、科技节以及书香节,要求自己要有一定的作品获奖。
活力飞扬	1. 了解锻炼身体的好处,知道一些保持身体健康的简单常识和方法。 2. 学会一些基本运动、游戏、韵律活动的方法,发展身体素质和基本活动能力。	1. 初步认识自己的身体,掌握锻炼身体的简单知识及方法,学会一些体育、卫生保健的安全常识,培养认真锻炼的态度。	1. 发展体能,发展柔韧、灵敏、速度素质。 2. 学习走、跑、跳跃、游戏、韵律活动等基本活动,培养正确的身体姿态。

课程目标 育人目标	低年段	中年段	高年段
活力飞扬	3. 体验参加体育活动的乐趣,遵守纪律并学会与同学团结合作。 4. 能坚持每天1小时的阳光体育活动。	2. 初步学习田径、体操、小球类、民族传统体育、韵律活动和舞蹈等项目的基本技术,掌握简单的运动技能,进一步发展身体素质,提高身体基本活动能力。 3. 培养学习各项基本技术的兴趣和积极性,以及勇敢,顽强,胜不骄、败不馁,自觉遵守规则,团结协作等优良品质。 4. 能坚持每天1小时的阳光体育活动。	3. 体验进步或成功时的心情,体验退步或失败时的心情。 4. 体验集体活动和个人活动的区别,在体育活动中尊重他人。 5. 通过利用一些废旧用品制作体育课堂用具,让学生学会废物利用,培养学生的环保意识,让学生养成爱护环境、爱护大自然的良好行为习惯。 6. 能坚持每天1小时的阳光体育活动。
才艺多元	1. 初步培养学生的才艺爱好,让学生能感受到各种才艺带来的乐趣。 2. 掌握基础的才艺知识;具有多方面的才艺兴趣爱好,提高自己的才艺常识。 3. 学会参与学校每年举办的艺术节的才艺展示系列活动。	1. 学生通过学校教育,陶冶情操,选择有兴趣和有天赋的才艺深入学习,提高相关才艺专业技能,并具有积极的才艺表现热情和能力。 2. 主动参与学校各才艺社团;能在才艺活动中感受作品的情感、思想,提升自我文化修养。 3. 主动参与学校艺术节的才艺展示系列活动,敢于展示自己的才艺,体验成功的喜悦。	1. 尊重艺术、理解多元文化;培养符合自己个性的才艺兴趣,树立终身学习的愿望,能坚持学好一门才艺。 2. 结合各种艺术活动,尝试不同方法,记录与表现自己的所见所闻、所感所想;进行创作与表演展示,体会艺术与生活的关系,发展艺术构思和创作的能力,学会表现美。 3. 激发学生欣赏名家作品的兴趣,感悟经典加深对才艺的认识,提高学生鉴赏美的能力。
阳光自信	1. 学会每天开开心心地准时上学,不哭闹,不撒娇。 2. 学会上课时积极举手发言。 3. 学会积极主动地和同学交往,能交到更多好朋友。 4. 和小朋友发生矛盾时不哭闹。 5. 学会放学回家时主动和爸爸妈妈讲一讲学校的趣事。	1. 能每天开开心心地准时上学。 2. 能做到上课时认真听讲,积极举手发言。 3. 学会积极主动地向同学表达自己的观点,能虚心听取别人的批评或建议。 4. 遇到困难或挫折时,学会控制自己的情绪,尝试自己去想办法解决。 5. 能积极与父母沟通,善解人意,不抱怨他人。	1. 学会在公共场合发言,能根据交流对象和场合,稍做准备,做简单发言。 2. 主动参加班级、学校举办的各项活动,尽可能地表现自己的才干。 3. 学会积极主动地向同学表达自己的观点,能虚心听取别人的批评或建议。 4. 当和同学发生矛盾时,能够控制自己的情绪。

课程目标 育人目标	低年段	中年段	高年段
阳光自信			5. 遇到困难和挫折时,能正确面对并能积极想办法解决,不郁结在心里。

三 课程体系：依据课程目标设置课程体系

为了达成课程目标,依据多元智能理论,我们将学校课程分成五类,同时与英语单词"SMILE(微笑)"的五个字母匹配构成 S 课程、M 课程、I 课程、L 课程和 E 课程,简称为"SMILE"课程。

第一类：S 课程(Self & Society)：自我与社会课程。如品德与生活课程、品德与社会课程、乐乐懂安全课程、乐乐上学了课程、乐乐懂感恩课程等。

第二类：M 课程(Method of Science & Exploration)：科学与探索课程。如数学课程、科学课程、信息技术课程、综合实践课程、创意科技节、趣味数学节、玩转数学社团课程、科学小星星课程、乐乐爱观察课程、乐乐去实践课程、寒暑假综合实践课程等。

第三类：I 课程(Interest of Art & Aesthetics)：艺术与审美课程。如音乐课程、美术课程、多彩艺术节、能说会道课程、舞出精彩课程、歌声与微笑课程、乐乐当家课程、童筝畅想课程、彩墨欢歌课程、笔墨书韵课程、我形我塑课程、形体礼仪课程、指尖上的泥王国课程、金葫芦课程、摄影艺术课程、神奇的简笔画课程、艺术剪纸课程、悦吧绘画课程、戏剧大舞台课程等。

第四类：L 课程(Language & Communication)：语言与交往课程。如语文课程、英语课程、快乐读书节、缤纷英语节、诵读经典课程、英语沙龙课程、语言魅力营之普通话与口才课程、成语王国课程、能言善辩课程、攀登英语口语童谣课程、英语魔法拼读课程、迪斯尼英语学习课程、英语报刊阅读课程等。

第五类：E 课程(Exercise & Health)：运动与健康课程。包括体育与健康课、活力体育节、羽球飞扬课程、乒乓球跳跃课程、快乐足球课程、拳力以赴课程、"卧虎藏龙"田径课程、快乐轮滑课程等。

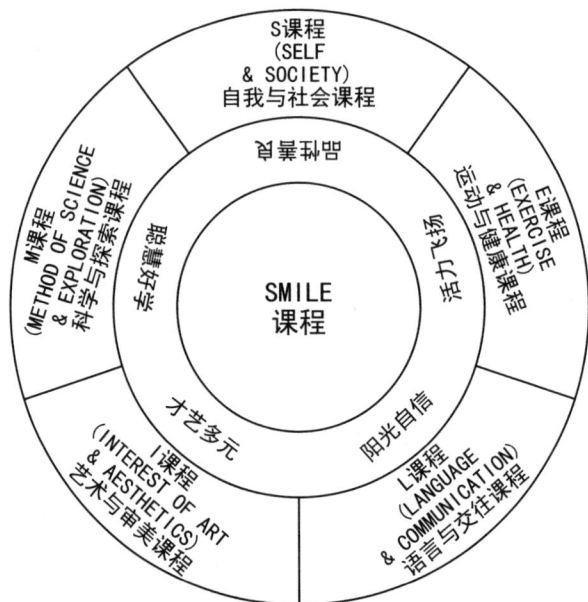

图 1　广州开发区第二小学 SMILE 课程结构图

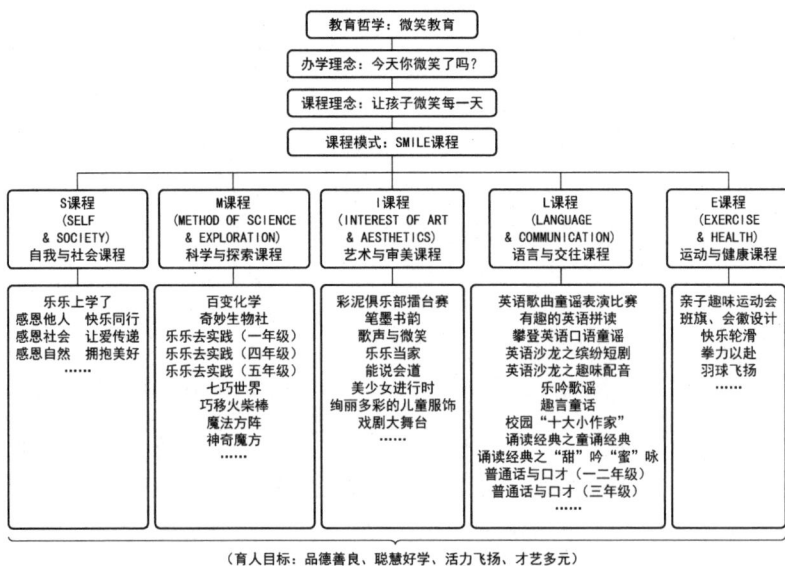

（育人目标：品德善良、聪慧好学、活力飞扬、才艺多元）

图 2　广州开发区第二小学 SMILE 课程逻辑图

根据学校课程的育人目标与学校课程体系,学校课程设置见表2:

表 2　广州开发区第二小学课程设置表

SMILE课程 / 年级	S课程（自我与社会）	M课程（科学与探索）	I课程（艺术与审美）	L课程（语言与交往）	E课程（运动与健康）
一年级	乐乐懂安全 乐乐上学了 学会感恩,快乐你我他	乐乐去实践 乐乐爱观察之观昆虫 趣味数学节之魅力七巧板 玩转数学之智慧七巧板	乐乐当家 多彩艺术节之奏响校园 漂亮的剪贴画 金葫芦 神奇的简笔画 艺术剪纸	缤纷英语节之歌曲童谣表演比赛 攀登英语口语童谣 英语沙龙之英语歌谣唱唱唱 稚趣童声诵经典 快乐读书节之歌谣伴成长 成语王国 语言魅力营之普通话与口才	活力体育节之趣味运动会、田赛径赛
二年级	乐乐懂安全 学会感恩,快乐你我他	乐乐去实践 乐乐爱观察之观昆虫 趣味数学节之巧移火柴棒 玩转数学之神奇的火柴、魔法方阵	乐乐当家 多彩艺术节之舞林大会、奏响校园 硬笔书法 金葫芦 能说会道 悦吧绘画 指尖上的泥王国	缤纷英语节之歌曲童谣表演比赛 攀登英语口语童谣 英语魔法拼读 英语沙龙之英语歌谣唱唱唱 稚趣童声诵经典 快乐读书节之走进精彩绘本 语言魅力营之普通话与口才	活力体育节之趣味运动会、田赛径赛 拳力以赴
三年级	乐乐懂安全 感恩社会,让爱传递	乐乐去实践 乐乐爱观察之观鸟 创意科技节之奇妙生物、趣味物理比赛、神秘天文比赛 科学小星星之	乐乐当家 多彩艺术节之书中国汉字育儒雅之人、多彩的语言艺术、趣味手工、舞林大会、校园写生、奏响校园	缤纷英语节之讲英语故事比赛、ABC 小小书法家 迪斯尼英语 英语沙龙之短剧表演 GoGoGo	活力体育节之班旗会徽设计、趣味运动会、自编操柔韧操、田赛径赛 快乐轮滑

SMILE课程 年级	S课程 （自我与社会）	M课程 （科学与探索）	I课程 （艺术与审美）	L课程 （语言与交往）	E课程 （运动与健康）
三年级		奇妙生物、趣味物理、神秘天文趣味数学节之数学日记玩转数学之魔法方阵	笔墨书韵笔下生辉歌声与微笑金葫芦能说会道摄影艺术彩墨欢歌童筝畅想我形我塑舞出精彩指尖上的泥王国	读经典传文化快乐读书节之遨游童话世界语言魅力营之普通话与口才	快乐足球乒球跳跃拳力以赴"卧虎藏龙"田径项目羽球飞扬
四年级	乐乐懂安全感恩社会，让爱传递	乐乐去实践乐乐爱观察之观鸟创意科技节之奇妙生物、神秘天文比赛科学小星星之奇幻化学、奇妙生物、神秘天文、小机器成就大梦想趣味数学节之玩转24点玩转数学之神奇魔方、魔法方阵、最强大脑	乐乐当家多彩艺术节之书中国汉字育儒雅之人、多彩的语言艺术、趣味手工、十大歌手、舞林大会、校园写生、奏响校园笔下生辉歌声与微笑金葫芦摄影艺术彩墨欢歌童筝畅想我形我塑舞出精彩戏剧大舞台形体礼仪之美少女进行时	缤纷英语节之讲英语故事比赛、ABC 小小书法家、校园十大英文歌手大赛英语沙龙之短剧表演 GoGoGo读经典传文化快乐读书节之迷上动物小说、传说故事语言魅力营之普通话与口才	活力体育节之班旗会徽设计、趣味运动会、自编操柔韧操、田赛径赛快乐轮滑快乐足球乒球跳跃"卧虎藏龙"田径项目羽球飞扬
五年级	乐乐懂安全践行感恩，拥抱自然	乐乐去实践乐乐爱观察之观植物创意科技节之奇妙生物、神秘天文比赛科学小星星之奇妙生物、神秘天文、小机器成就大梦想	乐乐当家多彩艺术节之书中国汉字育儒雅之人、多彩的语言艺术、十大歌手、舞林大会、校园写生、奏响校园歌声与微笑金葫芦	缤纷英语节之ABC 小小书法家、小小英语演说家比赛、校园十大英文歌手大赛英语报刊阅读英语沙龙之英文电影趣配音读中华经典，做	活力体育节之班旗会徽设计、趣味运动会、自编操柔韧操、田赛径赛"卧虎藏龙"田径项目

SMILE课程 \ 年级	S课程 (自我与社会)	M课程 (科学与探索)	I课程 (艺术与审美)	L课程 (语言与交往)	E课程 (运动与健康)
五年级		趣味数学节之魔法数独 玩转数学之最强大脑	摄影艺术 彩墨欢歌 童筝畅想 舞出精彩 戏剧大舞台	书香少年 快乐读书节之水"煮"三国、品味经典、校园十大小作家 能言善辩 语言魅力营之普通话与口才	羽球飞扬
六年级	乐乐懂安全 践行感恩,拥抱自然	乐乐去实践 乐乐爱观察之观植物 科学小星星之小机器成就大梦想 趣味数学节之0.618黄金分割法	乐乐当家 多彩艺术节之书中国汉字育儒雅之人、多彩的语言艺术、十大歌手、舞林大会、校园写生、奏响校园 歌声与微笑 金葫芦 摄影艺术 童筝畅想	缤纷英语节之ABC小小书法家、小小英语演说家比赛、校园十大英文歌手大赛 英语沙龙之英文电影趣配音读中华经典,做书香少年 快乐读书节之阅读名人传记、欣赏名家散文、校园十大小作家 语言魅力营之普通话与口才	活力体育节之班旗会徽设计、趣味运动会、自编操柔韧操、田赛径赛"卧虎藏龙"田径项目 羽球飞扬

四 课程实施与评价:推进学校课程建设向前发展

　　学校课程的实施与评价直接影响到学校教育教学的成果,影响到教师专业水平的提高,影响到学生的成长。所以,我们从学校实际出发,立足"微笑教育",依据学校课程目标,制定出具有学校特色的课程规划,保证国家课程与校本课程之间的统一性。同时彰显学校课程特色,建立健全的课程建设组织系统,形成课程调研、课程规划、组织实施、评价反馈、管理保障等环节组成的学校课程建设体系，保证课程规范、有序、科学地实施。按照课程分类实施与评价的标准，具体操作如下：

（一）构建"微笑课堂"，推进学科基础课程

充实而有趣的课堂是课程落实的有效载体。我们的"微笑课堂"是充满生命气息的教育，让每个学生在课堂中自主学习、主动发展、愉悦成长。我们学校推进"微笑课堂"的主要做法是：立足学情，师生互动，生生互动，多方激励，多元评价，促进学生身心全面发展，健康、愉悦成长。

"微笑课堂"立足于老师和学生的"快乐"，即"教得快乐"、"学得快乐"，是深受老师和学生喜欢的课堂。它除了拥有素质教育课堂教学的共性之外，还有自身的特征，以及科学而严谨的操作体系。"微笑课堂"的特征主要有：

（1）教学目标：饱满。在预设教学目标的时候立足学情，立足文本，分别从知识、情感、态度、价值观等维度审视文本，预设覆盖每一个学生的教学目标，设定内容充实的教学目标。

（2）教学内容：丰富。在教学过程中同师生发生交互作用、服务于教学目的的动态生成的素材及信息。"微笑课堂"的教学内容首先立足于现行教材，但又不局限于课本，我们还从生活中汲取教学内容。学校有丰富多彩的"节日课程"，有适合学情的"校本课程"，有独具一格的"感恩大课堂"。

（3）教学过程：立体。"微笑课堂"在教学过程中坚持学生主体性的原则，完成规定的教学目标和内容，以"学—导多元立体化互动"的开放教学模式，融合"小组合作学习"，践行"师生互动"、"生生互动"、"亲子互动"的立体教学过程。

（4）教学方法：激励。"微笑课堂"力求掌握知识的过程不让学生感到厌烦，不把学生引入一种疲劳和对一切都漠不关心的状态，要使学生在整个学习过程中身心都充满欢乐。我们努力在教学中引领学生在和谐愉快的课堂中快乐地学习，所以，我们在教学方法方面采用了"激励"这一重要举措，包括兴趣式激励，宽容式激励，赞赏式激励等。

（5）教学评价：缤纷。依据"多元智能理论"，我们知道，每个学生的成长速度有

所不同,每个学生的兴趣爱好有所不同,这使得每个学生发展的侧重点也有所不同。所以,我们注重教学成果的评价更注重教学的过程性评价,侧重评价学生学习过程中的表现,激发学生的学习兴趣,从"心"出发,从"源头"出发,促进学生的成长。

（6）教学文化：微笑。教师带着爱意、微笑、激情进入课堂,依据学生的兴趣、愿望、要求、心理特点、内心活动、已有知识、经验和能力,巧妙设计并采用最适当的教学方法,见机导出操作程序,促进学生身心全面发展。这是健康、愉悦发展的微笑教学文化,是"教授知识、留下微笑"的教学文化。

我校提出了微笑课堂"二三五五"操作建议：

（1）二即两个"为主",也就是以学生为主、以学困生为主。

（2）三是三个"F",即 FISH"鱼"—FISH"渔"—FUN—"愉"。在教学过程中,教师坚持以生为本,通过发挥自己的主导作用,引导学生在宽松和谐的气氛中无拘束地、轻松愉快地去思考、学习,从而获取知识、掌握技能,得到"鱼";在互动、交流的学习情境中掌握学习的方法,收获"渔";课堂中,学生在轻松、愉快、和谐的课堂环境中快乐学习,感受到"愉"。

（3）五即"五大策略",也就是微笑导学、微笑示学、微笑活学、微笑研学、微笑赏学。

（4）五还指课堂教学五环节操作：在"二三五"微笑课堂教学模式下构建微笑课堂五环节。例如：

语文学科教学五环节：激趣导入—识字正音—读文品句—语用模仿—归纳提升;数学学科教学五环节：激趣导入—自主学习—合作交流—知能应用—总结拓展;英语学科教学五环节：激发动机（Warming-up）—优化程序（Presentation）—反馈调控（Consolidation）—矫正深化（Development）—整体提升（Improvement）;体育学科教学五环节：目标导学—研讨探究—互助释疑—巩固拓展—总结提高;艺术学科教学五环节：情景导入—作品分析—创作表现—欣赏交流—情感升华;科技学科教学五环节：激趣导入—尝试探究—交流指导—归纳总结—拓展提升等。

"微笑课堂"的评价标准从课堂教学的共性出发,注重学科特点。评价时不追求完美,把创造的权力还给教师,让教学充满勃勃生机。不以一节课来衡量教师的优劣,用动态的发展的眼光鼓励教师不断反思、获取成功。"微笑课堂"评价标准立足于全体师生的共同进步与发展,把教师自身、学生的多元评价,形成性与终结性评价有机地结合起来，使评价更加客观、真实、有效，具有促进教学水平的意义，见表3。

表3　广州开发区第二小学"微笑课堂"评价标准

主导作用（教师活动）			主体作用（学生活动）		
教学目标 （权重10）		1. 依据"微笑教育"理念，立足学情和学科特点，正确把握教材、突出重点。 2. 突出情感、态度、价值观在教学目标中的地位，把方法、兴趣、习惯等非智力因素纳入教学目标。	学习目标 （权重10）		1. 明确学习任务，知道学什么、怎么学。 2. 能在已有的知识体系上自主学习，由"学会"到"会学"。
教学策略 （权重45）	教学活动组织（权重15）	1. 营造平等、和谐、愉悦的课堂氛围，有针对性、启发性地指导学生，能引导学生积极思考、快乐学习。 2. 创设情境，教学程序安排科学合理，符合学生认知规律。 3. 能科学地体现"微笑导学、微笑示学、微笑活学、微笑研学、微笑赏学"五大策略。	学习策略 （权重15）	参与状态	1. 不同层次的学生都积极、愉悦地参与学习全过程，都有充分独立思考的时间和机会。 2. 不同层次的学生参与学习的形式多样，如师生互动、生生互动，对话交流、合作交流，动手操作实践，自主探究等。
	教学方法运用（权重15）	1. 情绪饱满，尊重学生，注意及时调节和反馈。 2. 以生为本，注重学法指导，组织多种形式的讨论、交流、合作等活动，关注不同层次的学生在参与活动时思维的发展情况，及时鼓励。 3. 现代信息技术整合自然，运用适时，实效突出。		情绪状态	1. 学生学习情趣高昂，有愉悦感，思维活跃，快乐学习； 2. 精力集中，注意力状态保持良好，有竞争合作意识。
				交流合作状态	1. 合作交流、讨论的内容符合学生实际，有思考性和价值性。 2. 构建师生、生生交流的心灵桥梁。合作小组内既有分工又有配合指导，学生充分思考，获取知识，形成能力。
	教学策略创新（权重15）	1. 创设开放而有效的教学情景，有效激发学生的学习兴趣，以情促智。 2. 教学民主，师生有效互动；能设计有效的结构化的合作学习内容和方法，使学生合作活动有序高效。 3. 能设计有效的活动，有意识地发展学生的创造性思维和探究能力。		思维创新状态	学生主动参与，积极思考、阅读、观察、操作、讨论、质疑、探究，体现学生对知识的自主建构。

	主导作用(教师活动)		主体作用(学生活动)
教学效果 (权重10)	1. 完成预定的教学目标。 2. 根据学生的学习成效进行适时的评价反馈、总结。 3. 不同层次的学生在课堂中能得到不同的发展,师生情智互促。	学习效果 (权重10)	1. 不同层次的学生能感受到成功的喜悦——"愉",都有不同的收获——"鱼"与"渔"。
教学效果 (权重10)		学习效果 (权重10)	2. 不同层次的学生都能保持积极进取的心态,对学习更有信心和兴趣,体会到学习的快乐。
得分	备注: 总体评价:优秀(90分以上)、良好(80～89分)、合格(60～79分)、不合格(60分以下)		

(二) 建设"微笑学科",丰富学科拓展课程

为丰富学生生活,促进学生全面发展,提高学生素养,在国家基础课程上拓展学生能力、激发学生创造力,学校以 SMILE 课程为指导,建设"微笑学科",丰富学科拓展课程。

1."微笑学科"的建设路径

教师结合自身特长及所教学科特点设计"1＋X"学科课程群:"1"指国家基础性课程,"X"指个性化发展的拓展性课程,是基础性课程的拓宽与延伸课程。通过这些课程的开设激发、培养和发展学生的兴趣爱好,开发学生的潜能,陶冶学生的情操,促进学生个性化与社会化的和谐发展,见表4。

表4 广州开发区第二小学"1＋X"学科课程群

年级目标	语文特色课程	数学特色课程	英语特色课程	音乐特色课程	美术特色课程	体育特色课程	科技信息特色课程
一上	识字游戏 成语故事	校园里的数 碰指游戏 猜数游戏 数学小儿歌	抢读字母 日常英语我会说	音1、2、3、5的学习和巩固 音律小活动 节奏游戏	眼睛说话 找朋友 变化的画面	队列队形游戏 各种跑的游戏	丰富的树皮拓片绘图 简单而复杂的小叶子(标本展) 空气的神奇魔术

年级目标	语文特色课程	数学特色课程	英语特色课程	音乐特色课程	美术特色课程	体育特色课程	科技信息特色课程
一下	词语大闯关 成语接龙	元角分三点 小小售货员 剪剪、拼拼、画画	攀登英语之歌曲童谣表演 听音辨字母	音4、6、7的学习及巩固音阶音高 有表情地演唱歌曲	绘画接龙 添画游戏 线条和颜色的迷宫	跳的游戏 球类游戏	凤仙花的美丽人生 冰棍制作我能行 一路向"北"
二上	绘本故事屋 我是故事大王	移动火柴棒 妙拼七巧板 数学小笑话 速算总动员	攀登英语之歌曲童谣大串烧 小组唱演 攀登歌曲歌王PK榜	节奏游戏X,XX 基本节奏创编 律动表演 唱响童谣	玩具分享大会 小泥人和泥面具秀	各种跑的游戏 球类游戏	溶解的快与慢 液体之间的溶解现象 室内外温度的测量与比较 人呼出气体的收集及检测
二下	你吟我唱 绘本创作	学具大家做 剪一剪 户外活动	攀登英语之日常对话整合大汇演 天天会话之看一看说一说	尝试二声部合唱	线条画 影子游戏	投掷游戏 跳的游戏	静电现象 比较不同的电路连接 各种花的观察 辨别食物中的营养成分
三上	童话王国 好书发布会 小小书法家	巧数图形二十四点游戏 扑克牌游戏	ABC 书法 听音摘词	节奏X XX,感知旋律上行、下行、同音反复、级进、跳进	三原色间色小魔术 水墨大花	快速跑游戏 小足球游戏	观察绿豆芽的生长、自制食物链、做生态瓶、影子游戏
三下	小书迷 我是小导游 小小书法家	年月日知多少 巧算集中营 奇妙的搭配 算式中的神秘数	单词滚雪球 有趣的字母故事表演	巩固旋律上行、下行	故事情节创设——上学的路	发展跳跃能力的游戏 发展投掷能力游戏	造一艘小船、设计保温杯、做一个摆

年级目标	语文特色课程	数学特色课程	英语特色课程	音乐特色课程	美术特色课程	体育特色课程	科技信息特色课程
四上	每日播报 写作小能手	数字谜题 我是烙饼小能手 小小分析家	英语手抄报 课本剧	听音乐主题，分析AB结构	印第安图腾柱	足球赛 跳绳游戏	省力游戏 桥梁设计比赛 电动机的神奇 自制校园生物地图
四下	小小演说家 写作小能手	24点速算 奇妙的变换 神奇的幻方（九宫游戏） 取经数字园	记忆大比拼 创编Aki的故事	变化音，升记号	书包超市评选2017年度优秀设计奖	篮球游戏（传球记名、触球追人） 投远游戏	大眼睛小世界 千变万化与生活 环形山的故事会 变废为宝秀风采
五上	疯狂戏剧社 故事创编	数学趣题营 校园绿地面积	单词记忆王 小小翻译家	音乐与民族文化，音乐与舞蹈	童眼看世界 印出美丽的瓶花	发展跑的速度游戏 足球赛	丰富的树皮拓片绘图 简单而复杂的小叶子（标本展） 空气的神奇魔术
五下	语出惊人 妙笔生花	数学名词大考验 数学手抄报 数学格言	创意绘本制作 书签设计赛	京剧的脸谱 欧洲名曲名家欣赏	猜画游戏 雕塑的镜像 变形纸金刚	花样跳绳 篮球比赛	凤仙花的美丽人生 冰棍制作我能行 一路向"北"
六上	名篇佳作 唇枪舌战 我是小作家	数学谜语堂 数学小论文	英语故事SHOW 巧绘思维导图	中国民族音乐文化动漫歌曲	创意龙写意花卉写意动物	校园足球杯 角力游戏	溶解的快与慢 液体之间的溶解现象 室内外温度的测量与比较 人呼出气体的收集及检测

年级目标	语文特色课程	数学特色课程	英语特色课程	音乐特色课程	美术特色课程	体育特色课程	科技信息特色课程
六下	美文欣赏 诗词大会	神奇的 0.168 小小设计师	写作小能手 思维帽	音乐与美术 音乐与社会生活 音乐与思品	我们来到 25世纪 名人漫画	篮球对抗赛 跳大绳、跳花绳	静电现象 比较不同的电路连接 各种花的观察 辨别食物中的营养成分

2. "微笑学科"的评价

有效评价能推进学校特色学科建设,促进学科特色的形成和学科特色的优质化发展,提升教师课程开发能力与执行力。学校从团队文化建设、常规工作、教学研究、成果体现等方面构建了"微笑学科"相应的指标体系和评价标准,见表5。

表5 广州开发区第二小学"微笑学科"评价标准

一级指标		二级指标	权重	自评	审评	备注
学科文化与团队建设 20分	1	全组教师相互尊重、相互学习、相互促进,团结协作,资源共享,团队凝聚力强。热爱学生,乐于奉献。有先进的学科教学理念,在组员中有高度的认同感。	5			
	2	发挥学科带头人、优秀青年教师等骨干教师的引领作用。	5			
	3	有青年教师培养计划,师徒微笑结对活动有具体措施和实效。教学研究氛围浓厚,教研组长善于协调、调动组员积极性,能客观公正评价组员的工作。每年组织学科节活动。	5			
	4	各学科有自己的理念与文化,并有具体的做法。	5			
常规工作 35分	5	有特色学科建设行动研究方案和阶段目标达成计划,阶段研究项目目标明确,内容详实,突出问题解决的计划性和实效性。	5			
	6	学科教研组长能及时传达落实教研中心及教导处有关课改精神,组员积极参与。教研组活动开展正常,每月不少于两次,开设一定的研讨课、观摩课、公开课,有研讨、有反思,资料齐全,效果好,起到示范作用。	5			

一级指标		二级指标	权重	自评	审评	备注
常规工作35分	7	教研活动有主题,计划性、针对性强,组员主动积极参加研讨活动,有过程记录。	5			
	8	重视各层次学生的辅导工作,有学法指导的举措和成效。	5			
	9	注重学习和研讨,积极开展校本教研,能基于教育教学问题开展教研活动,主题明确,形式多样,有针对性,并形成专题,解决问题有实效。	5			
	10	积极参加各级教学研讨活动,认真实行听课、评课制度,每位教师听课不少于10节,教研组长听课不少于15节,并且有主题评课内容。	5			
	11	每位教师围绕教学主张,每学年至少设计和执教一堂有质量的教学研究课。	5			
教学研究15分	12	积极研究学科知识、教学方法,善于总结和反思,组里教师能积极撰写教学论文、教学案例或教育叙事,不断提高教学和科研水平。	5			
	13	组内教师能基于主张、学科特点和学生需求,开发彰显学校特色的校本课程,课程内容科学、启发性强、突出对实践能力的培养,操作性强,受欢迎程度高。	5			
	14	重视集体备课,做到定时、定点、定内容、定主讲人。实现教学资源共享,有具体措施,成效显著。	5			
成果体现25分	15	学科组研究成果在校级以上成果评选中获奖,组内教师研究成果在区级以上报刊发表或竞赛获奖(含教育学会)。	5			
	16	学科整体教学质量高,在区内有一定知名度;组员承担区级或以上研讨课教学任务,或在区级以上课堂教学评比中获奖。	5			
	17	教师开发的校本教材正式发表,并在区级及以上教材评比中获奖。	5			
	18	组里教师在区及以上级别优质课、教学技能比赛等教学评比中获奖人次多或获评"岗位能手"等荣誉。	5			
	19	能发展学生特长,组织和指导学生参加区级及以上学科竞赛和其他活动,并取得优异成绩或产生区域影响。	5			

一级指标		二 级 指 标	权重	自评	审评	备注
特色加分5分	20	学科教研组在学科建设和学生素质培养方面有特色,在市、区及以上范围教研活动和培训中积极承担公开课、讲座、经验介绍等任务,经验辐射效果显著。	5			
总分			100			
总体评价:优秀(90分以上)、良好(80～89分)、合格(60～79分)、不合格(60分以下)						

(三) 搭建"微笑舞台",推进活动体验课程

我校始终坚持"在活动中体验,在活动中成长"的理念,搭建丰富多彩而有个性的"微笑舞台",积极推进活动体验课程的实施,凸显"微笑教育"的办学特色。通过"微笑舞台"的课程开设,丰富学生的活动,陶冶学生情操,发展学生的个性特长,使学生形成正确的价值观和健全的人格。主要操作如下:

1."微笑舞台"的类型与实践

(1) 传统节日课程

通过校本课程开发及系列教育活动,让学生了解传统节日的由来,节日的风俗习惯及其文化内涵,让学生深切感受到中华民族文化的魅力,从而受到潜移默化的教育;通过传统节日课程教学与体验活动,让学生更好地了解、认同、喜爱传统节日,弘扬中华传统美德,从而践行微笑面对生活的理念。学校开展春节拜年、端午包粽子、中秋赏月、重阳节看老人活动等课程。

(2) 微笑六节课程

为了让学生展示自我、张扬个性、树立自信,我校每个月都有一场大的节日活动,让孩子们在校园生活学习中感到"节日不断、快乐相随"。每个节日都设定了相应的主题,并开展了丰富的活动。创意科技节有小小科学家、校园科技创新大赛、电脑制作、科技小论文比赛等活动;趣味数学节开展了移火柴、七巧板、算24点、数学舞台剧、数学日记等活动;多彩艺术节有音乐律动游戏、校园十大小歌手、器乐比赛、小组合唱比赛、师生毛笔书法比赛、现场绘画创作等活动;快乐读书节

有图书漂流、读书征文、书签制作、手抄报、诗配画、诵读表演、诗歌创作、戏剧表演、故事创编、校园十大小作家等；缤纷英语节开展了英语书法比赛、英语手抄报比赛、英文歌曲大赛、演讲比赛等；活力体育节开展了节徽、校旗设计、中国舞、啦啦操、拉丁舞、自编操和柔韧性比赛，趣味亲子运动会，田径运动会，师生乒乓球比赛，师生羽毛球比赛等。

丰富多彩的节日课程为孩子提供了展现自我，张扬个性的舞台。创意科技节推动了"科技小达人"的诞生；艺术节催生了"学校合唱团""古筝队""舞蹈队""小苹果乐队"；读书节培育了"校园十大小作家""小雏鹰广播站"；体育节壮大了"羽毛球队""武术队"。孩子们通过缤纷多彩的节日课程，感受到学习的快乐，体会到绽放的精彩，收获满满的自信，健康、快乐地成长。

（3）微笑社团课程

为了让所有孩子都有机会发展特长，我校对每周一次的微笑社团课程进行了开发与探索。我校社团课程重在动手实践和开拓思维，旨在培养兴趣、拓宽视野、挖掘潜能，让每个孩子在丰富多彩的课程活动中发现自我并快乐地成长。社团活动内容丰富、形式多样，已开设三十多门课程。语文科有语言艺术、校园解说员、课本剧与戏剧社、妙笔生花小作家等；数学科有七巧板、火柴棒、数独、魔方等；英语科有攀登英语、迪斯尼英语等；音乐科有合唱、古筝、舞蹈、葫芦丝、形体礼仪等；美术科有篆刻、泥塑、硬笔和软笔书法、剪贴画、摄影、剪纸、十字绣等；体育科有田径、羽毛球、乒乓球、武术、小足球等；科技组有小小科学实验家之生物、天文、化学、物理等实验课程。

我校社团活动由教学处统一计划和部署，由校内老师根据各自特长开设、教授，并发动有特长的热心家长来校义务任教。我校社团活动成果丰富，校园里到处是学生的书法、绘画作品、泥塑、折纸作品展；班级门口都是孩子们的精美阅读卡和优秀作文展；午读、课间经常看到孩子们兴高采烈地玩七巧板、魔方、数独；学校舞台上舞蹈、合唱、音乐剧、器乐等精彩纷呈。每个学期末散学典礼上的"优秀社团展演"成了孩子们飞扬个性、展示自我的自信舞台。经过社团课的学习，我校学生在全国小小科学实验家比赛、羽毛球比赛、器乐比赛等活动中均获佳绩。学校也先后获得了市"羽毛球特色学校"、市"小学数学游戏项目实验学校"、"全国小小科学家实验校"等称号。

（4）乐乐当家课程

"亲爱的孩子，或许你只会唱一首歌，或许你只记得一首诗歌，但只要你愿意，开发区二小'乐乐当家'的舞台就为你准备着，'乐乐当家'或许就是你的星光大道！给你一个舞台，还大家一个惊喜"——这是二小"乐乐当家"校本课程的建设宗旨。"乐乐当家"以年级为单位，由艺术组老师和家长义工组织开展。节目的形式可以有器乐演奏、唱歌、舞蹈、小品、讲故事、课本剧、相声等；节目的编排、学生演出时的服装和化妆事项由家长负责或同学们自己合作完成。有表演意愿的孩子提前一周将节目信息交到任教音乐老师处，参演的孩子在每周二下午，操场舞台或二楼体操房向年级的同学、老师们展示。也正是这一校本课程的研发，让我们发掘出了很多非凡的新星，为我校各类文艺专项队输送了大批的人才。

（5）安全体验课程

我校巧妙地使用学校的健康与安全体验室和夏港街消防安全体验中心两个基地的资源，合理地利用地方和校本课程的时间，灵活地采用"情景式＋体验式"的教学模式，全面铺开纳入课程计划的安全体验课程。这一课程的开展旨在使每个班每个月都能上一节不同主题的安全体验（理论）课（40分钟/节）；使每个班每个学期至少能在学校健康与安全体验教室上两节安全体验（实操）课（40分钟/节）；使每一届的五年级学生能在夏港街消防安全体验中心参加一次校外消防安全体验活动（40分钟/次）。通过形式多样的安全体验课程，使学生能够掌握消防、交通、自然灾害、急救互救和卫生健康等多方面的安全知识及逃生技能，全面提升学生的安全防范自护意识。

（5）乐乐去实践课程

乐乐去实践课程旨在让学生在实践中获得亲身参与实践的积极体验与丰富经验，加深对自然、社会与自身内在联系的整体认识，培养他们对自然的关爱和对社会对自身的责任感。乐乐去实践四季专题根据学生不同年龄的心理、生理特点分为六个年级的活动，采取实践活动形式，层层递进，每个年级四个活动。一年级的四个实践活动是走进广州市儿童公园、广州蔬菜公园、广州长隆野生动物园、广州中山纪念堂；二年级是走进广州动物园、广州萝岗区香雪公园、广州文化公园、洪秀全故居；三年级是走进广州雕像公园、广州云台花园、黄埔军校旧址纪念馆、越秀公园;四年级是走进白云山、宝墨园、黄花岗公园、广州塔;五年级是走进广东省博物馆、帽峰山森林公园、烈士陵园、岭南印象园;六年级是走进广州革命历史博物馆、广州长隆欢乐世界、广州南沙湿地公园、增城绿道。

乐乐去实践由德育处统一计划和部署,由老师和家长一起组织开展活动。每一个地点,每一项活动都有明确的活动目的、活动形式。同时,孩子们在活动后通过"乐乐收获多"来总结自己的活动感受和经历。这六本教材引领学生跟随学校吉祥物"乐乐"走进工厂,参观现代化科技制作的场所,让学生跟随"乐乐"的脚步走出校园,走向美丽的社区,走向美丽的大自然,让孩子们在实践中成长。

(7)乐乐爱观察课程

我校校园自然环境整洁美丽、充满诗意,在优美的环境中引领学生参与"乐乐爱观察"活动,旨在培养孩子们细心观察和解决问题的能力,使学生更多地了解校园里美丽的植物和可爱的动物,让更多的孩子在观察活动中了解并爱护它们,增强学生爱护花园式学校的意识。"乐乐爱观察"校本教程的活动丰富、形式多样,开设有"乐乐观鸟"、"乐乐观昆虫"和"乐乐观植物"系列观察活动。孩子们在老师的引领下,走进校园和周边社区的自然环境中去观察动植物,通过各种观察方法,全身心地参与活动,丰富孩子们的观察意识和能力。通过上网、查阅图书、了解并收集观察对象的资料来参与"乐乐爱观察"活动,使孩子养成细心看、勤动手、爱实践、善思考的学习态度与习惯。

"乐乐爱观察"系列活动由学校科技组部署实施,由校内科技、信息组老师根据各自特长任教,并开发编写《校园生物观察与探究之快乐观鸟》系列活动教材。校园里经常可见孩子们制作的"生物观察简介""观察小论文"等优秀作品,很多学生在区、市的"鸟类"、"植物"观察技能竞赛活动中取得了优秀的成绩。通过"乐乐爱观察"系列活动,孩子们更加关注身边的花、鸟、植物,更加热爱大自然、保护大自然,更爱家园、校园!

(8)乐乐懂感恩课程

感恩是一种生活态度,一种美德,是做人的基本修养和道德准则。对于广大青少年来说,感恩并不是简单地回报父母、老师的教养之恩,它更是一种责任意识、自尊自强意识和健全人格的表现。但是,当代的学生大多数是家庭的中心,凡事都先想着自己,甚至认为父母、老师、社会给予自己的关心都是理所当然的,普遍缺乏感恩情怀与感恩行为。因此我校积极研发了《心怀感恩》校本课程。

《心怀感恩》校本课程根据学生的心理特点、生理特点和知识结构进行编写,分为三卷,每卷八个单元,每单元有一个感恩主题,如感恩祖国、感恩学校、感恩父母、感恩老师等。每个主题分为两个活动方案(一个年级集体活动方案,一个班级特色活动方案)。此课程从一年级新生入学时就开始实施,并会分散到每个学期去学习和实践,直到小学毕业典礼上完最后一节感恩大课堂,学生带着无限感恩的心走出二小,走向初中。感恩大课堂是我校《心怀感恩》校本课程的特色课堂之一,每学期定期开展,以年级为单位上课,课堂围绕一个感恩主题,老师创新课堂形式,让孩子们在课堂中更深刻地理解感恩,并学习如何付诸实践。

《心怀感恩》校本教材从感恩他人到感恩社会再到感恩自然,循序渐进地对学生进行感恩教育,使孩子在成长过程中懂得感恩,学会感恩,从而形成正确的价值观和健全的人格。

在属于母亲和父亲的节日里,学校适时开展"母亲节父亲节感恩行动"系列活动,通过"父母的档案"、"温馨故事"、"我想对您说"、"心底的祝福"、"真情一线牵"等,营造"伟大的母爱、父爱"氛围,引导广大学生从关爱父母出发,了解父母、理解父母,感受母爱、父爱之伟大,学会感恩,学会回报,从而营造和谐温馨的家庭氛围。

在每届六年级毕业典礼上,学校围绕感恩"唱主角",为即将毕业的学生上"成长、快乐、感恩"为主题的感恩大课堂,引发学生理解家长的良苦用心,感恩父母给予自己生命;回忆与老师朝夕相处的日子,感恩老师给予自己知识与力量;让学生懂得正是父母的悉心呵护、老师的倾情付出,换来了自己的健康成长。

2. "微笑舞台"的要求与评价

学校在推进"微笑舞台"过程中所制定的要求与评价标准,都是依据课程活动与学习特点,注重过程与结果的评价,以有效推进活动体验,提升学生的综合素质,以搭建多方位、多渠道的机会为目标,见表6。

表6　广州开发区第二小学"微笑舞台"评价标准

评价要素	评价指标	评价效果		
		A 优秀	B 良好	C 待改进
"微笑舞台"目标和方案的设置	1. 内容新颖、有操作性、丰富学生的经验。			
	2. 满足学生的兴趣和需要,促进学生个性特长的发展。			
	3. 体现学校特色和任课教师的特长,具有延续性。			
"微笑舞台"的组织和方式方法	1. 面向全体学生,形式多样,学生参与面广。			
	2. 体现学生的探究性和主体性。			
	3. 方式得当,树立组织者、指导者、服务者意识。			
"微笑舞台"的活动实施过程	1. 学生在活动中能够积极活跃、参与实践。			
	2. 活动过程完整、清晰、有序。			
	3. 教师指导有度有效。			
	4. 及时收集、整理学生活动的过程性资料并总结。			
"微笑舞台"的活动效果	1. 学生在活动后能够陶冶情操、愉悦身心,学生评价良好。			
	2. 促进学生的发展,学生有收获和创新的发展。			
	3. 学生的知识面拓宽,主动活动,方法多样,体现了学会学习。			
总评:				

(四) 做活"课程整合",落实专题教育课程

课程整合,以知识、学习者和社会的整合课程来减少课程内容的重叠与分化,彰显知识、技能与生活的联系及其价值,以便更全面、客观地理解知识和解决问题;重视课程与真实情景及世界的联系,鼓励学生作为研究者参与学习活动。课程架构起知识世界与生活世界的联系,多元化、开放式、多渠道的活动学习空间融入到孩子们的实际生活中,实现了多向互动的延伸,发挥着辐射带动作用,使课程文化对孩子产生了潜移默化的影响。

1. "课程整合"的主题聚焦

我校贯彻落实新课程改革思想,实施素质教育,更好地培养学生综合实践的能力,带领学生走入更广阔的社会活动空间,丰富学生的知识、情感等方面的体验;学校在统筹规划、整体布局、组织落实、协调工作中整合课程开发主题活动,多学科聚焦整合以达到整体育人的目标,教学多元化,学习方式多样化,实现课程间的双赢功能,见表7。

表7 广州开发区第二小学"课程整合"主题安排表

时间	主题内容
一年级	上学期:别和眼镜交朋友 　　让孩子们在活动中懂得眼睛的重要作用,在活动中学会正确使用眼睛。结合一年级学生的年龄特点,以活动为主,以激活学生的生活经验为起点,开展调查采访、收集整理、夸夸眼睛、近视眼的苦恼、护眼齐行动、爱眼"合同"等形式,在说说、画画、演演、朗诵等实践中学生学会观察、学会发现、学会理解,在主动参与中,学生真切地感受到眼睛健康的重要性,同时掌握正确的用眼常识,清楚哪些生活、学习习惯会影响眼睛的健康。
	下学期:我长大了 　　通过"讲故事""想一想""看一看""写写画画""说一说""做一做""写一写"等活动让学生了解自己的变化,体验成长的快乐。学习记录成长的方法,体会父母、老师、同学、对自己的关爱,同时知道自己的变化与周围事物的变化有着紧密的联系,培养孩子的健康人格和良好的品行。
二年级	上学期:走进自然,感受四季 　　引导学生走到大自然观察树木,收集树叶、野花、小草等具有季节代表性的事物,让学生知道四个季节的名称;了解四季的代表性事物:草芽、荷叶、谷穗、雪;感受四个季节的特征,体会春天的温暖、夏天的炎热、秋天的凉爽、冬天的寒冷。搜集有关春、夏、秋、冬的资料,如儿歌、舞蹈等,并以多种形式展示。让学生热爱大自然,走进大自然。
	下学期:春天的植物 　　学生通过分组观察、调查、访问、收集并记录春天植物的品种、特点、生活习性等,尝试当"春天校园美容师",以有关植物的树叶贴画、诗歌、歌曲、图画等方式,有效培养学生对春天的植物、对大自然、对生活的热爱之情,以及用自己的语言、文字、图画、音乐进行表达的能力,培养学生参与学校建设的主人翁意识和探究创新精神,使学生能用自己活动中获取的知识来装扮自己的学校。
三年级	上学期:了解传统习俗,探究"年文化" 　　学生通过上网、调查、访问等形式了解年的来由、过年习俗、元宵节的习俗等春节期间的民风民俗。走一走、看一看、问一问,寻找身边的"年味儿";和家长一起策划办年货、写春联、拜年等活动,从中感悟"年"的魅力,并记下来,画出来,录下来,拍下来;都来当一回小管家,将家中购买的物品名称、数量、价格(单价、总价)、用途等进行记录,然后制作一个统计图,比较分析一下最大的开支的种类,了解这些年货与春节习俗的关系,并在开学展示探究成果。

时间	主 题 内 容
三年级	下学期：了解传统习俗，探究"中秋文化" 　　学生走进中秋节，从中秋节的来历传说、民风习俗、诗词祝语、特色食品等文化现象展开研究活动。可以通过上网查找资料、调查访问等方式了解中秋节的由来及民间习俗；可以搜集阅读与中秋、月亮相关的古诗、词、文、故事、对联等，感受古代文化；还能使用多种方式把自己调查、收集的资料进行整理，制作成手抄报、探究报告、特色剪贴画、中秋灯谜。通过调查了解、访问、讲故事、欣赏、动手操作、朗诵、情景表演等多种形式去感受、体验、领悟、表达中秋节丰富的文化意蕴，在"主动、探究、合作"学习中，激发学生对传统文化的热爱，体验自主学习和探究学习的兴趣。
四年级	上学期：我与蔬菜交朋友 　　学生通过活动进行观察分析，了解蔬菜的种类，认识蔬菜在日常饮食中的重要作用；通过咨询查阅等方式收集资料，了解蔬菜的营养，纠正学生厌食、偏食的不良习惯，形成正确的饮食观念，养成良好的饮食习惯；使学生通过活动，学习知识，掌握能力，使其综合素质得到培养和发展。各小组通过各自不同的形式，交流活动体验，分享成果，互相评价：如蔬菜的种类、习性探秘汇报；蔬菜营养价值汇报；蔬菜的烹饪搭配方法汇报；蔬菜的烹饪技巧汇报等等。
	下学期：我看卡通 　　卡通片因其活泼可爱的动画、吸引人的情节深受学生喜爱，但是学生们在课余时间看动画片这件事也往往引发学生与家长的冲突，学校借此契机开展这次关于"卡通"的实践活动。学生通过调查访问，了解卡通的发展历史、国内与国外的卡通形象，亲历实践卡通动画的制作，宣传国产卡通。一方面满足孩子们对卡通片的好奇心，帮助他们了解卡通发展的历史，让他们亲历卡通的制作过程，从中学习科学知识、科学技能；另一方面引导他们正确地看待卡通片与学习的关系，从而解决他们与家长的矛盾。
五年级	上学期：走进广州，探究"岭南文化" 　　通过开展走进广州、亲近广州活动，让学生以上网、查阅书刊、访问、调查、参观等形式探究广州文化，进一步了解广州的历史文化、饮食文化、语言文化、建筑文化、民俗节庆文化、艺术文化(包括戏曲音乐、工艺美术、岭南画派)等，并选取以上几类中小组最感兴趣的一两项进行探究。在活动的过程中，通过拍照、视频等留下活动的足迹；活动的中期汇报及总结汇报可以形式多样化，如交流讨论并小结、讲故事、朗诵、手抄报、绘画、演剧、绘本故事、创作作品等。
	下学期：我与广告"零距离" 　　学生小组分工合作，通过多种途径收集各类广告及有关广告文字资料如书籍、图片、实物、影视资料等，自选角度(构思、设计、效果等)谈谈自己最欣赏的一则广告；学习广告语的表达艺术，讨论生活中是否需要广告；进行公益广告设计和广州的名优特产的广告语设计，以此培养学生开拓学习资源的意识，使语文教学内容更具时代气息，激发学生对生活的体验、对社会的思考、对文化的关注。

时间	主 题 内 容
六年级	上学期：绚丽多彩的儿童服装 　　着装也是体现社会文明的一种语言符号，从着装来培养学生的审美能力，提高创造意识也是一种尝试。围绕"我喜欢的儿童服装"、"儿童服装的知名品牌"、"设计自己喜欢的服装"等主题，让学生进行调查采访、搜集图片、制作图表、文字记录、市场调查、网络查询、手工制作，丰富知识，锻炼能力，培养创造力，学生会选衣服，会穿衣服，进一步认识了美，培养了审美能力。 下学期：汽车与我们的生活 　　从学生所了解和熟知的汽车说起，指导他们结合生活实际，以小组合作的形式，查找、搜集、整理信息，开展调查讨论和分析总结，进而获得对生活中的汽车更深层次的了解，并以多样化形式展示探究结果。如：汽车的种类和用途；汽车每月消费调查；汽车的历史与发展；汽车与环保；汽车与安全；汽车的年销售量；汽车构造与功能；未来的汽车。在引导学生关注生活的同时激发他们的好奇心，使他们积极参与到实践活动中来，同时也为学生从多方面去认识和了解我们的生活提供了一个契机。

2. "课程整合"的评价要求

评价主张采用"自我参照"标准，引导学生对自己在实践活动中的各种表现进行"自我反思性评价"，强调师生之间、学生同伴之间对彼此个性化的表现进行评定、鉴赏。要将学生在实践活动中的表现纳入学生综合素质评定的范围之内，注重过程，尊重多元，注意反思评价，不过分强调结果，将关注的视角指向小学生获得结果和体验的过程，注重小学生在活动过程中的表现，主要是调动学生的积极性，使学生在活动中有所收获、有所进步，从而提高学生适应社会生活的能力，见表8、表9。

表8　广州开发区第二小学"课程整合"教学评价表

指导教师			班级	
活动主题			时间	
评价项目	评 价 内 容		权重	得分
目的内容	1. 目标明确。符合发展个性精神。		5分	
	2. 内容实用。贴近学生、贴近生活，丰富学生直接经验。		5分	
	3. 内容综合。引入多种信息，运用多门学科知识。		5分	
	4. 深浅适当。分量适当、难易适当。		5分	

评价项目	评 价 内 容	权重	得分
方式方法	1. 组织形式。不是课堂教学形式,具体组织形式得当。	5分	
	2. 学生活动方法得当。多法结合。	5分	
	3. 教师指导方法得当。讲解时间不超过1/4。	5分	
活动过程	1. 强调活动基本要素,能有机组合各要素。	18分	
	2. 活动步骤合理。活动准备、活动导入、活动展开、活动总结。	12分	
活动效果	1. 学生在教师的指导下自主思考、设计操作并解决问题。	10分	
	2. 学生能积极主动地参与活动。主动活动面较广,主动活动量较大。	15分	
	3. 学生具有一定的创造性,思路设计新颖,方式方法多样,有一定的活动成果。	10分	
总分	注:优秀(90分以上)、良好(80~89分)、合格(60~79分)、不合格(60分以下)		

表9 广州开发区第二小学"课程整合"学生评价表

活动内容:_____ 班级:_____ 姓名:_____ 时间:_____

评价项目	具体内容	评价等级				总评
		优秀	良好	一般	较差	
情感态度	① 积极参与活动					
	② 主动提出设想、建议					
	③ 不怕困难和辛苦					
合作交流	① 主动和同学配合					
	② 乐于帮助同学					
	③ 认真倾听同学的观点和意见					
	④ 对班级和小组的学习作出贡献					
学习技能	① 活动方案构思新颖					
	② 会用多种方法搜集、处理信息					
	③ 实践方法、方式多样					
实践活动	① 积极动脑、动口、动手参与					
	② 会与别人交往					
	③ 活动有新意					
	④ 关注社会、关注环境的意识					

评价项目	具体内容	评价等级				总评
		优秀	良好	一般	较差	
成果展示	① 实验论文、调查报告等					
	② 表演、竞赛、汇报等					
	③ 成果有新意					
在活动中,我的感想:						

(五) 激活"微笑校园",建设校园环境课程

多年来,我校精心打造的"让校园的每个角落都充满微笑"的校园文化,激活了"微笑校园",建设了独特的校园环境课程,将学校环境文化进行了统一规划,秉承"景景皆思悟,处处皆育人"的原则,在优美的环境中体现厚重的文化底蕴,以此来引导学生在求知、求美的过程中感受文化的魅力,激发灵感,美化心灵,启迪智慧。

1. 校园文化绽放"微笑"

(1) 校园环境建设融艺术、观赏、教育于一体

从校门、教学楼、校服、校徽、校旗、校歌、广场、长廊、橱窗、主题景观等方面入手,彰显办学理念和办学特色,让校园的每个角落都充满微笑,使师生每天都浸润于微笑文化氛围中。

(2) 校园环境建设融美观、欣赏、激励于一体

微笑书吧、微笑走廊、微笑展示柜、微笑橱窗、乐乐当家,这些设施环境都从每个孩子的需求出发,只要孩子愿意,他就可以向全班、全校随时展示自己的任何作品,就可以得到伙伴的鼓励和欣赏。每个孩子都有机会绽放出最灿烂的笑脸,收获成功的喜悦。

(3) 校园环境建设融尊重、参与、和谐于一体

小桥流水、亭台楼榭、假山飞瀑、石刻雕塑、葡萄小径、科技长廊,皆蕴含了对孩子

生命的规划与尊重。此外,学校师生最喜爱的"乐园"焕发着生命本源的勃勃生机。与此同时,学校还对校园景观进行文化评价,把它们命名为"微笑十景"。这十处文化景观,既独立成章,又相映成辉,形成景景相连、和谐共生、富含诗意的文化意境。

2."微笑校园"评价与要求

校园中的自然环境及物化环境、师生所处的人文环境及文化氛围均有较强的微笑直观性,都绽放着"微笑教育"的生命力与教育能量。校园生活以学生为主体,丰富多彩、积极向上,能让学生收获成功的喜悦,提高了学生对校园的满意度,同时能让学生在校园中接受健康、快乐的熏陶和微笑的感染,从而促进学生的健康成长,见表 10。

表 10　广州开发区第二小学"微笑校园"评价表

评价项目	评价内容	评价效果		
		很好	较好	待改进
自然环境、物化环境	凸显"让校园的每个角落都充满微笑"的微笑氛围			
	能给学生创设一个微笑的氛围			
	能让学生在日常学习生活中接受健康快乐的熏陶和微笑的感染,促进了学生的健康成长			
人文环境、文化氛围	有较强的微笑直观性,和谐快乐			
	以学生为主体			
	丰富多彩、积极向上			
	能让学生收获成功幸福的喜悦			
学校校园	受学生、教师、家长喜爱			
总体评价:				

围绕"今天,你微笑了吗?"的微笑教育办学理念,在教育教学过程中注重价值引领。在不断深化教育改革的过程中,重视发掘教师的教育智慧,培育学生的学习能力,提升师生的创造力和行动力,显示教师机智灵活的教育教学能力,促进学生的全面发展。

学校成立校本课程领导小组,由校长、分管副校长、教学处主任、德育处主任、大队辅导员、各学科组长、学术专家组成。校长担任组长，副校长担任副组长，负责课程的审批、立项、分类组合等；教学处主任、德育处主任、各科教研组长带领教师负责课程开发、实施、常规管理工作，包括计划总结、时间、地点、人员安排，检查、反馈与评价等。同时，学校还建立健全了课程建设和管理的各项制度，最大限度地调动学生的学习兴趣及教师的工作热情。学校还聘请学术专家到校把脉课程开发和建设。

《基础教育课程改革纲要（试行）》提出"建立促进学生全面发展的评价体系"、"建立促进教师不断提高的评价体系"和"建立促进课程不断发展的评价体系"的要求，明确了学生、教师和课程是课程评价的价值主体，因此在课程建设中，我们努力谋求学生个性发展，教师专业发展，促进学校特色的形成。

第一章

S：

自我与社会课程

好的教育应该让儿童从一开始就体验到发现的快乐,通过最纯粹的与人接触的方式,获取最能打动人心的智慧经验。学校课程应该让儿童在参与中体验,在体验中感悟,在感悟中收获,关注自我,关心社会,让自己融入社会,茁壮成长;让孩子们熟悉校园环境,在不同的社会小环境,学会运用恰当的方式在不同情境中表达对社会的谢意,养成心怀感恩的美好品质,让爱传递,让爱充满人间。

快乐你我

感恩他人

感恩社会

让爱传递

感恩自然

以万物为师友

心怀感恩

快快乐乐上学去

平平安安回家来

学习生活如此美好

不禁嘴角上扬

微微一笑……

　　米德在《心灵、自我与社会》一书中通过玩(play)、游戏(game)、承担角色(role-taking)等重要范畴,简明扼要地论述了个体从婴幼儿时期到成年所经历的社会化过程诸阶段。他指出,在通过学习语言而经历的社会化过程中,儿童的社会化活动主要表现为"玩"。

　　"自我与社会"课程就是让孩子们参与"玩"的各种活动,帮助孩子幼小衔接,进行预防和应对校园安全、公共卫生、意外伤害、自然灾害以及影响学生安全的其他(网络、信息安全)事故或事件的教育。以怀感恩之心、行报恩之举为宗旨,让学生在适应社会环境、参与社会生活、学习社会规范、履行社会角色的过程中,逐渐认识自我,并获得社会的认可,成为合格的社会公民。让学生在学习、生活中展微笑之颜,是二小微笑课程的一道亮丽风景。

　　"乐乐上学了"课程、"乐乐懂安全"之校园安全课程、消防安全课程、防地震演练课程,"乐乐懂感恩"之"感恩社会＋让爱传递"课程、"感恩他人＋快乐你我他"课程、"践行感恩＋拥抱自然"课程等,让二小学子快乐学习,茁壮成长!"乐乐上学了"课程只在一年级上,其他课程分为六个年级,或低中高三个年级,层层深入,步步成长。

　　"乐乐上学了"课程,帮助一年级新生尽快了解、适应、喜爱小学生活,顺利度过入学适应期,同时消除家长们的担忧。以"了解学校,爱上小学生活"为主题,学生跟随乐乐的经历和介绍,游览校园的美景,接触笑容满面的老师,观看学长学姐们的日常活动。课程以第一人称"乐乐"为主人公进行叙述,主要包含三个模块。乐乐要知道:了解学校的校训、校风、教风和学风;认识学校的校徽、吉祥物乐乐、校领导,学唱校歌。乐乐游校园:这一板块主要是带着学生参观乐园、操场以及各功能场室,让学生了解校园,从而热爱学校,最后让孩子画最爱的校园一角,与父母一同分享。乐乐懂习惯:这是内容最多的一个板块,分别从课堂常规、礼仪、学习、安全、纪律、卫生、队列训练等行为内容以及正确穿戴校服等方面进行训练。通过哥哥姐姐的图片示范,学习易读易记、琅琅上口的儿歌,将好习惯融入其中,使教育效果事半功倍。"乐乐上学了"帮助儿童能根据环境条件的变化,积极、主动、有效地进行身心调整,消除因环境变化所导致的主体与环境失衡的现象,减轻压力与心理焦虑,在新的环境中仍能保持稳定的情绪、愉快的心情,促进儿童身心健康发展,微笑上小学。

　　"乐乐懂安全"课程通过校园安全、公共卫生、意外伤害、自然灾害等体验式的活动,提高学生的安全意识,让学生意识到安全的重要性,培养学生的社会安全责任感,自觉遵守安全行为规则,懂得自我保护、自我救助、珍惜生命的重要性。

　　"乐乐懂感恩"之"感恩社会＋让爱传递"、"感恩他人＋快乐你我他"、"践行感恩＋拥抱自然"课程,通过鲜活生动、蕴含哲理的活动,让学生体验社会生活,感悟生活真谛,培养学生的感恩意识,让学生懂得自己的生命成长离不开家长、老师的培育,更离不开和谐的社会、他人的帮助,懂得"感恩"的重要性,并在生活学习之中践行感恩。

　　课程让学生在参与中体验,在体验中感悟,在感悟中收获,使学生关注自我,关心社会,让自己融入社会,茁壮成长。通过走一走、看一看、记一记、说一说等方式,熟悉校园环境,适应校园学习;在班级、年级、家庭之中开展一系列安全教育活动,学安全知识、行安全之举;开展一系列感恩社会的教育活动,让学生懂得感恩是一种责任感,更是一种人生境界,是人生观、价值观和世界观的体现。对社会怀感恩之心,才能从社会中得到更大的情感回报。让学生能学会运用恰当的方式在不同情境中对社会表达谢意,养成心怀感恩的美好品质,让爱传递,让爱充满人间。

课程通过行动发现法、问题探究法、合作学习法、情境体验法、查阅资料法等学习过程,尊重每一个学生的独特个性,为每一个学生的成长创造空间,激发学生体验的兴趣,丰富学生的知识,增强学生独立思考的能力,使学生养成合作共享的品质,养成心怀感恩的美德。在各种班级与年级活动中,设计适合学生的系列体验活动,成就自我,适应社会。

苏霍姆林斯基说过:"只有能够激发学生去进行自我教育的教育,才是真正的好教育。""自我与社会"课程让孩子们熟悉校园环境,在不同的社会小环境中,学会运用恰当的方式对社会表达谢意,对自我进行教育,养成心怀感恩的美好品质,让爱传递,让爱充满人间。

(撰稿　陈绍琴)

乐乐上学了

适合对象：一年级

一、课程背景

著名教育家叶圣陶先生曾说过："教育是什么？往简单方面说，只有一句话，就是养成良好的习惯。"一年级小学生正处于从幼儿园步入校园的重要转折和适应时期，在幼儿园时，他们的活动以游戏为主，进入小学以后，学习将会成为他们的主要活动，这给孩子的心理与行为都带来了很大影响。而小学生学习行为又同其他行为方式（如生活习惯）有着密切的联系，它不仅对学习的本身有影响，而且对学生道德品质以及心理的健康发展都会产生一定的影响。如何在短期内让学生养成一系列的良好习惯呢？孩子由幼儿园转入小学这个转折期便是最好的契机。

从幼儿园到小学，孩子的生活方式、活动范围和人际交往等各方面都发生了变化，孩子们懵懵懂懂，家长们迷迷茫茫，既惶恐又担忧。正因如此，幼升小的入学教育就显得尤为重要。学校倾力编写了这一门关于入学教育的校本课程，帮助一年级新生尽快了解、适应、喜爱小学生活，顺利度过入学适应期，同时消除家长们的担忧。

本课程的理念是：顺利过渡幼升小，养成习惯益终生。作为担负"万丈高楼平地起"的铺路人，我们应该把握好这一关键时期，最重要的是对学生进行习惯养成教育，这将会对他们的学习质量、道德品质、能力的培养和今后的发展起着重要作用。

二、课程目标

（一）初步了解学校，尽快适应小学阶段的学习和生活。

（二）对学校产生喜爱之情，对小学生活充满向往。

（三）家长一起加入学习，陪伴孩子，消除担忧。

三、课程内容

本课程以"了解学校，爱上小学生活"为主题，以第一人称"乐乐"为主人公进行叙述，跟随着乐乐的经历和介绍，游览校园美景，接触笑容满面的老师，观看学长学姐们的日常活动。课程主要包含以下五个模块：

（一）乐乐要知道

这部分内容包括了解学校的校训、校风、教风和学风；认识学校的校徽、吉祥物乐乐、校领导；学唱校歌。

（二）乐乐游校园

这部分内容主要是带着学生参观乐园、操场以及各功能场室，让学生了解校园，从而热爱学校。最后让孩子画最爱的校园一角，与父母一同分享。

（三）乐乐懂习惯

这部分内容比较多，分别从课堂常规、礼仪、学习、安全、纪律、卫生、队列训练等行为内容以及正确穿戴校服等方面进行训练。通过哥哥姐姐的图片示范，学习易读易记、琅琅上口的儿歌，将好习惯融入其中，使教育效果事半功倍。

（四）乐乐提要求

经过以上内容的学习，学生明白了做一名小学生需要做好哪些准备，需要培养哪些好习惯，家长明白了自己需要配合做出哪些辅助。

（五）乐乐得红花

这部分内容是一项评比，即当孩子们能完成相应的内容并达到要求,就可以得到一朵小红花。通过对孩子的评价促进其进步。

四、课程实施

本课程实施之前应该有所准备:课前收集选取校园及学生生活的照片或者录像,制作成 PPT,还可收集一些有趣的与入学教育相关的童话故事。

本课程用时 14 课时。实施路径与方法如下:

(一)学习与感知

即将入学的新生是六岁的孩子,注意力集中的时间十分有限,要最大程度提升他们学习的积极性,必须是以提升兴趣为基础的。为此,老师们应联系学校实际,挖掘教材,力求提高教学的趣味性。

"活用教材",而不是简单的"用教材",教师要创造性地使用教材,设计出鲜活生动、丰富多彩的课例来,充分有效地将教材的知识激活,让孩子们有所收获,初步学习和感知一名小学生的基本要求。

(二)实践与体验

《乐乐上学了》这本教材,不是作为知识供教师讲授的,它只是教师引导儿童展开实践学习的载体,是儿童开展活动时可利用的资源。教材为我们呈现的仅仅是一些图文范例,这就要求教师不能把它上成简单的"看图说话式":"同学们请看图上的小朋友在干什么,我们能不能这样做?"必须通过孩子们喜闻乐见、乐于接受的形式把课上得生动活泼,富有创意。

例如,课堂上学唱校歌、通过擂台赛的方式了解校徽、与吉祥物对话、实地参观校园、播放校园图片、请同学们做小导游介绍等新奇又符合童趣的教学形式;上下楼梯靠右走,玩游戏要排队,课间文明休息等情境体验安全教育。在教学中还可以引入故事,如《小灰兔交朋友》,和动物朋友学习如何交到好朋友;放映录像《邋遢大王奇遇记》片段,懂得养成个人良好卫生习惯的重要性等。教学方式重视实践与体验,动静结合,更符合低幼儿的年龄特点,更能够吸引其注意力,达成所要的效果。

（三）合作与成长

新入学的孩子牵动着父母的心，而"好的开始是成功的一半"，学前教育必须有家长配合才能更加扎实有效。学前培训初就要召开新生家长会，向家长们介绍幼儿园和小学生活的不同之处，讲解幼儿到小学生这一时期孩子会出现的心理、行为、智力等方面的变化，引起家长的注意，防患于未然，使家长因为了解而心安；跟家长分享学校的理念，了解学校的历史，使家长因为了解而热爱；同时，还会跟家长细化要求，共同学习学校一日生活常规、知道着装要求、文具准备要求以及家庭氛围营造，布置家长每日和孩子温习《乐乐上学了》的所学内容，鼓励孩子复述进行表达交流，使家长因为懂得而豁然。消除家长焦虑，家校携手助力成功幼小过渡，使孩子尽快融入到校园生活中来。

五、课程评价

本课程在评价方式上，采用过程性评价和总结性评价相结合的方式进行，更强调对学生在学习过程中的兴趣与态度进行评价，以鼓励为主，及时肯定学生的进步和发展，起到评价促反思，评价促进步的积极导向作用。具体做法如下：

（一）过程性评价

1. "比比谁的贴纸多"每日评价

每个孩子都有一本"荣誉护照"，每日一面。根据上课的表现，老师随时给予贴纸奖励，学生就把贴纸贴在"荣誉护照上"，一日一总结，放学前根据贴纸的数量给予不同的小奖励。由于刚入学的孩子注意力容易分散，所以通过这种方式能随时随地提醒孩子们集中注意力。

2. 闯关式评价

教材的最后一页有一个"乐乐得红花"的评价表格，借用这个表格，学生每完成一项学习任务，考评合格后就能得到老师的一朵小红花，学习内容一关一关地过，有种闯关的感觉，能激发学生的学习热情。

3. 家长评价

回到家中,孩子会和父母交流今天学习的知识和感受,父母可以根据孩子的表达了解他们的学习状况,如果表述清楚明白,也可以在"乐乐得红花"的评价表格中给孩子贴上一朵小红花,及时得到父母肯定。

(二)总结性评价

一周的学前教育结束,根据"荣誉护照"和"乐乐得红花"获得的贴纸数量,我们将评出终极大奖:"金牌小学生"、"银牌小学生"、"铜牌小学生",并颁发"小学生合格证书"。

(课程设计:曾海清)

课程现场
1－2

感恩他人　快乐同行

适合对象:一至二年级

一、课程背景

羊有跪乳之恩,鸦有反哺之义。中国自古以来就倡导"滴水之恩,当涌泉相报"。感恩是一种文明,感恩是一种素质,感恩更是一种品质。人有了感恩之心,与他人、与自然、与社会的关系也会变得更加和谐、更加亲密。我们自身也会因为这种感恩心理的存在而变得更加愉快和健康,生命将得到更好的滋润。拥有感恩的心,人们会更加爱父母,更加孝顺父母;拥有感恩的心,人们会更加尊师重道;拥有感恩的心,人们会更加珍惜友情。通过"感恩他人,快乐同行"课程的学习,低年级学生在实际生活中懂得如何感恩他人,懂得在不同的情境下如何合理表达自己的感恩之情。通过八个单元的不同活动内容的设置,低年级学生在丰富多彩的活动中无形地接受了感恩他人的教育。学生之间的交往矛盾就会越来越少,班级学生的交往氛围就愈加和谐,同伴之间的友情也会更加深厚。

本课程的理念是:凡事感恩,学会感恩。"感恩"是一个人的基本素质,一个缺乏爱心,不懂得感恩惜福的人,长大后不可能懂得体谅、关心他人,不懂得孝敬父母,尊敬师长,也难以与人交往、融入社会,更谈不上爱同学、爱母校、爱国家、爱民族了。通过本课程的构建,努力唤醒学生回报爱心的良知,并引导学生通过抒发真情实感来形成健全的人格,懂得爱的无私、伟大、纯洁,激发学生爱的情感,感激生育、抚养、帮助、关怀、鼓励自己的人们。

二、课程目标

(一)通过趣味性的活动形式,拉近与老师、同伴之间的距离,感受爱,感知爱。

(二)通过生动的教育案例、教育故事分享,学生能积极参与到活动中去,主动爱,分享爱。

(三)在一系列的班级与年级特色活动实践体验中懂得回报爱,给予爱。

三、课程内容

课程以"感恩于心,回报于行"为主题,根据内容板块分为八个单元,每个单元针对一个感恩小主题,每个主题下有两个特色的活动方案,分别是一个年级集体活动方案和一个班级特色活动方案,教师根据活动方案开展相关活动。具体课程内容为:

(一)感恩老师

本单元设置两个尊师的活动,收集尊师爱师故事,学生给老师写贺卡。通过生动活泼的活动形式,拉近学生与老师之间的距离,增进师生之间的情感,在活动中学生懂得如何把尊师落实到行动中来,如何对老师的爱心感恩,对老师的劳动感恩,对老师的谆谆教导感恩。

(二)感恩烈士

分享英雄故事,培养学生尊重烈士、感恩烈士的情感。学习革命烈士热爱祖国、积极向上、乐于助人的优秀品质,感受英雄的智慧与勇敢。利用朗诵、献花、书写感受等多种形式,让学生在革命精神的激励下,努力学习,严格要求自己,全面发展,健康成长。

(三)感恩同学

活动一开始以"猜猜 ta 是谁"的活动拉开序幕,以这种方式认识班上独具个性的同学,然后分享交流"同学之间的这些事",感受同学带来的温暖;最后的"真情告白",把平日里说不出的感谢、歉意、建议等大胆说出来,真挚的交流才能感受到真正的爱。一份来自同学之间的友爱,同时培养了学生尊重他人,关爱他人的美好品质。通过相关活动,让学生学会感恩,从身边做起,用自己的实际行动去感恩他人,善待他人。

(四)感恩朋友

班级活动通过歌曲表演营造温馨感人的氛围。之后开展三个游戏"盲人指路"、"找朋友"、"制作心语心愿卡",让学生感受友谊的美好,加深朋友间的深厚情谊。年级活动内容主要围绕六个"一"开展:一首歌曲《感恩的心》、一首诗歌《真挚的友谊》、一次温暖、一个故事、一份感动、一份祝福。

(五)感恩卫士

为了让学生了解环卫工人的工作,尊重并感谢环卫工人的工作,通过具有儿童情趣和时代气息的实践活动,从家庭、学校、社会、大自然各个渠道中获得有关环保的信息,从而增强队员们的环保危机感和责任意识,让他们了解、尊重并懂得感恩"环保工作人员"。从小事做起,从自己做起,为拥有一个美丽的家园而努力。

(六)感恩对手

班级活动内容:设置三个游戏环节:争抢凳子游戏,风雨同舟游戏,剪子包袱锤游戏。通过相关活动和故事,引导学生懂得每个人都生活在一定的集体中,明白一个集体只有团结合作、齐心协力才有力量;懂得现代社会有合作,才会有竞争的道理;竞争对手也是朋友;懂得竞争对手无处不在。学生要学会正确看待竞争与合作的关系,体验与同伴合作竞争的乐趣,从而感受对手也是朋友的道理,萌发感谢对手的感情。在年级活动中,我们利用寓言故事阐释自然竞争,讲述《在金牌面前》中两位主人公的故事阐述体育竞争意识,开展游戏大合唱比赛以及辩论活动《龟兔赛跑的故事》,最后设置感恩身边的对手:朋友,谢谢你帮助我,朋友,谢谢你激励了我。

（七）感恩劳动者

在班级活动中设置"劳动最光荣"趣味劳动技能竞赛。通过活泼有趣的活动,让学生知道劳动是我们中华民族的美德,没有劳动就无法生存,社会就不能进步发展。在年级活动中设置"感恩倡议、感谢表彰、感动劳动"三个环节,使学生学会感恩劳动者。

（八）感恩父母

本章节我们通过组织观看感恩父母的视频,制作感恩父母的手抄报,学习关于感恩的诗词,讲讲关于孝顺的小故事,学习父母爱唱的歌曲等活动,使学生感恩父母的爱,体验父母爱的无私与伟大;在活动中学会理解父母,学会表达自己对父母的爱,学会与父母沟通,会换位思考。

四、课程实施

本课程实施前提是任课老师和参与活动的学生都有充分的准备。任课老师要提前布署年级分工和班级小组合作任务,精心设计符合学生特点的课件资源包;学生要提前准备相关的资料。由于孩子年龄小,所以要请家长协助孩子做好相关准备。本课程很多活动需要学生会唱,会朗诵、制作感恩卡片,需提前两天检查学生的准备工作是否充分。这是实施课程活动的前提和基础。本课程共 16 课时,课程实施的路径与方法如下:

（一）资料查询法

一二年级的学生年龄小，不懂得查询资料，这需要老师和家长们的教授。学生带回一些资料，在活动中和小伙伴交流的过程，就是理解和掌握感恩知识的过程。

（二）小组讨论法

学生分成若干小组，通过小组探讨，理解所学的诗歌。在小组内交流讨论收集的资料。

（三）表演学习法

通过小品等表现方式，学生以另一种方式学习知识。正确的行为与错误的行为相互对照，给学生以真实的感觉，加深印象，规范行为。

（四）行动体验法

每个章节都设置了许多游戏，动员学生积极主动参与活动，主动坦露自己的心声，主动向他人表示感谢之情；注重实践体验，熟练掌握感恩方式，感恩于心，回报于行。在班级与年级特色活动中，会设计大量学生"感恩在行动"的系列体验活动，学生在体验中懂得如何去感恩。在每个章节中，学生学会制作不同的感恩卡，表达心中的感恩之情。

当然，每次活动后，要把活动延伸到家庭，延伸到社会，要积极动员学生做"感恩宣传小天使"，把活动落实到孩子生活的每个角落，孩子们真正把"感恩"植入心田，让感恩之花处处开放才是本课程的终极目标。

五、课程评价

本课程的活动开展分为班级开展特色活动和年级开展活动两部分。正因为本课程是一个活动接一个活动，所以始终将过程性评价与展示性评价两种方式相结合，注重正面引导，多加鼓励与欣赏，具体的评价方式如下：

（一）积分制评价

年级开展活动的时候采用积分制评价。参加课程的每个班级为一个团队，团队积分有加分项和减分项。

常规加分项的内容包括：问题答对者加 10 分；活动纪律表现好的班级加 10 分；积极参与团队合作任务者加 10 分；团队合作展示优秀者加 10 分。减分项：不按要求完成团队任务每次扣 10 分；参与活动的时候不遵守活动纪律的班级扣 10 分。

每次活动之后根据评比结果，年级级长会对表现优秀的团队和个人给予奖励，这样学生参与活动的积极性就会提高。

（二）展示性评价

班级活动的评价以展示性评价为主。开展各班班级特色活动时，采用现场评价和使用评价量化表相结合的评价方式。老师给予现场评价，并根据学生的表现提出建议；根据 1—2 年级学生的心理特点，班级制定一些有特色的表扬方式，多表扬优秀的、有进步的同学，在班级和年级树立榜样，如"班级墙壁会说话"，粘贴"感恩行动表"，同学们做到哪项就贴一朵红花，根据红花数量，每月评选一次"班级感恩之星"。

（课程设计：余雪云）

课程现场 1-3

感恩社会 让爱传递

适合对象：三至四年级

一、课程背景

感恩在《现代汉语大词典》中被解释为"对别人所给的帮助表示感激"，也有学者提出：感恩就是对自然、社会和他人予以自己的恩惠和方便由衷认可，并真诚回报的一种认识、情感和行为。

感恩教育，就是教育者运用一定的教育方法与手段，通过一定的感恩教育内容,受教育者能从中获得识恩、知恩、报恩和施恩的人文教育。感恩教育是为了传承中华民族的传统美德,结合德育工作而进行的教育活动。通过感恩社会课程的学习,学生能提高思想道德水平,常怀感恩之心,有助于促进学生各种良好行为习惯的养成,在社会上形成积极向上的良好风气。心怀感恩,社会就会少一些指责与推诿,多一些宽容与理解;少一些争吵与冷漠,多一些和谐与温暖;少一些欺瞒与分裂,多一些真诚与团结。

本课程的理念是:怀感恩之心,行报恩之举。自古以来就有"滴水之恩,当涌泉相报"的传统,学校不仅是知识的传播地,同时也是学生学习如何适应社会的地方。一个健康和谐的社会是建立在善意上的,对社会常怀感恩之心,社会风气才能健康,国家才能良好发展。教师教导学生"我们要心怀感恩",不仅能够体现中华民族的传统美德,以及古今中外所有人类共同的价值观。

二、课程目标

1. 通过鲜活生动、蕴涵哲理的活动式教育,体验社会生活,感悟生活真谛,懂得自己生命的成长离不开老师、家长,更离不开和谐的社会,初步了解"感恩社会"的重要性。

2. 通过班级、年级、家庭开展一系列感恩社会的活动教育,懂得报恩是一种责任,是一种人生境界,是人生观、价值观和世界观的体现,对社会怀感恩之心,才能从社会中得到情感回报。

3. 能在不同的社会小环境中,学会运用恰当的方式对社会表达谢意,养成心怀感恩的美好品质,让爱传递,让爱充满人间。

三、课程内容

本课程以"感恩社会,爱满人间"为主题,根据内容板块分为八个单元,每个单元针对一个感恩主题,每个主题下有两个活动方案,分别是一个年级集体活动方案和一个班级特色活动方案,内容具体为:

（一）感恩家乡

学生分享家乡的风景、特产、历史，从中体会家乡的美丽和魅力；学习并热爱有关家乡的诗词、讲讲思乡的小故事、唱唱热爱家乡的歌曲，思考"我能为家乡做些什么？"

（二）感恩祖国

了解中国富强文明的国情，理解什么叫幸福；重温解放前中国的历史，明白历史不能忘，落后要挨打。了解解放前后的中国概貌，让学生知道幸福生活的坚强后盾是一个伟大的祖国，然后通过热爱祖国、歌颂祖国、感恩祖国的美文美诗，抒发内心对祖国的热爱，以及对祖国由衷的感恩。

（三）感恩世界

小组合作收集图片、文字材料，制作 PPT，展示分享"我眼中的世界"；举行"我爱世界"知识竞赛，齐唱《我爱世界》歌曲。"感恩世界，与爱同行"感恩活动，对学生进行热爱生活的教育，从而激发学生热爱世界、感恩世界之情。

（四）感恩民族

通过观看少数民族的歌舞视频，玩"你做我猜"的游戏，演唱各民族歌曲，展示各民族时装，舞蹈特长生表演各民族舞蹈等方式，让学生感受不同民族的风土人情和多姿多彩的文化，懂得维护祖国统一和各民族大团结的重要性，感受各民族人民血脉相连、血浓于水的骨肉亲情，增强民族团结的意识。

（五）感恩家庭

观察家长、长辈一日的工作和生活，分享交流自己与他们发生的一次矛盾或最不愉快的一件事、他们曾做过的最令自己感动的一件事，来一次真情回放、亲情面对面；让学生做到五个"一"（谈一次心、写一封信、做一张卡片、洗一次脚、来一个拥抱），让"感恩家庭，成就人生"感恩教育激发学生对家庭的感恩之情，孝敬家人。

（六）感恩社区

利用周末时间走进社区，考察社区的环境卫生、环境美化、宣传教育、治安管理、人文生活等，制作 PPT、写解说词，汇报分享（可以是座谈式、辩论式、小品表演、知识竞赛、诗朗诵、观看视频、图片展览、写观后感、感恩社区作文比赛），增进学生对社区的了解，认识社区在人们生活中的重要性，从而使学生懂得感恩社区，成为维护和建设良好社区环境的志愿者。

（七）感恩集体

活泼有趣的"谈一谈、辩一辩、玩一玩、夸一夸、想一想"五环节主题活动，让学生谈出集体的温暖与力量，辩出关爱集体之责，献策献力，玩出班级凝聚力，夸出同学之间的感情，懂得集体是个人成长的舞台，热爱集体，感恩集体的意识油然而生。

（八）感恩母校

通过"知恩"——学生征文比赛，"感恩"——演唱、舞蹈、绘画展示，"施恩"——大手牵小手，"报恩"——为老师写感恩卡、为整洁校园大扫除、为美化校园植一棵树等，让学生学会做人、学会学习、学会交往、学会实践，感恩老师的谆谆教诲及其亦师亦友的温情相伴；感恩保安叔叔为自己提供的安全保障；感恩清洁阿姨的辛勤付出；感恩同学的和睦相处。提升学生的思想品质，树立正确的人生观。

四、课程实施

本课程实施之前应该有所准备：提前进行年级分工和班级小组合作任务的分配。本课程一共有8个单元，每个单元有两个活动，需要老师和学生收集相关主题的资料，然后精心设计符合学生特点的活动。本课程共16课时。具体的实施方案参见校本教材《心怀感恩》第二卷，每个主题单元都有实施教案。实施路径与方法如下：

（一）合理安排教学方法和手段

可使用的教学方法和手段大致有以下几种：

1. 行动发现法：让学生走进家乡、观看祖国的历史和现在、制作PPT《我眼中的世界》、欣赏民族舞蹈、观察家中长辈一日的工作和生活、考察社区、感悟集体、回顾小学的成长足迹，去知恩、感恩、报恩。

2. 问题探究法：教师留一定的思考题，让学生想办法解决问题。

3. 合作学习法：将学生分成若干小组，通过小组的探讨，理解所学知识，汇报分享，获得新知。

4. 情境体验法：创设各种感恩情境，让学生在参与中体验、在体验中感悟、在感悟中感恩。

5. 查询资料法：让学生查询一些伟人或生活中平凡之人的感人事例，课上和同学交流，在交流中理解和掌握知识。

（二）注重实践体验，懂得如何感恩

在班级与年级特色活动中，设计适合学生的"感恩社会，让爱传递"的系列体验活动，让学生感恩于心，回报于行，传递爱心。

五、课程评价

因为此课程的活动开展分为班级特色活动和年级活动两部分，所以该课程的评价按照两种方式进行，均重视过程性评价，尽可能正面鼓励，给予学生肯定与赞赏，具体的评价方式如下：

1. 年级开展活动采用积分制评价

参加课程的每个班级为一个团队，团队积分有加分项和减分项。

常规加分项的内容包括：回答问题答对者加 10 分；活动纪律表现好的班级加 10 分；积极参与团队合作任务者加 10 分；团队合作展示优秀者加 10 分。

减分项：不按要求完成团队任务每次扣 10 分；参与活动的时候不遵守活动纪律的班级扣 10 分。

每次活动之后根据评比结果，会由年级级长对表现优秀的团队和个人给予奖励，这样学生参与活动的积极性就会提高。

2. 班级开展活动采用展示性评价

开展各班特色活动的时候，采用现场评价和使用评价量化表相结合的评价方式，既关注了过程评价，又有活动结果的评价。老师给予现场评价，并根据学生的表现提出建议性的评价；根据 3、4 年级学生的心理特点,各个班级制定一些有特色的成长表扬单、感恩记录仪,开展心怀感恩微笑之星、感恩大使、活动积极分子等评比活动,在班级表扬,颁发奖状,编辑微信,并向家长公布。让爱传递,发挥榜样的带动力。

(课程设计:陈绍琴)

课程现场 1-4

感恩自然　拥抱美好

适合对象:五至六年级

一、课程背景

大自然是我们要用心珍爱的,因为脱离了自然母亲的怀抱,我们便失去了生存栖息的土壤。大自然是值得我们学习的,因为每一个生物的身上,都有独特的生存智慧和优秀品质。感恩是一种处世哲学,是生活中的大智慧。感恩,是一种歌唱生活的方式,它来自对生活的爱与希望。一个人应当懂得感恩,并将它化作行动,实践于生活中。

感恩自然,走进大自然神奇的怀抱,大自然里有可口鲜嫩的果子,有感人至深的故事,有赏心悦目的美景,也有启迪人生的智慧。走进本课程,我们会进一步认识大自然,更加懂得感激她,珍惜她,爱护她。齐美尔在《忠实与感激》中提到,"感激所真正包含的不是对礼物的回报,而是这样一种意识,即它是没法回报的"。恩情既然无法回报,就以施恩的形式将恩情传递给其他的人,形成一个"感恩之链"。有了这个"感恩之链",我们的社会将成为一个互爱、互助、文明、友善的大圆圈,人类与自然界的万物建立情感链条,和谐共生,我们的生活也将更加美好。

本课程的理念是：以万物为师友，感自然之恩德。鼓励孩子对他们周遭的事物引发的灵感心存感激。感恩本身是一种高级的情感，这种情感不仅限于一种表面化的感谢或者报恩，它应该是一种很深层次的理解、一种反省、一种拥戴。

二、课程目标

（一）通过灵活多样的活动形式，拉近与大自然的距离，感受自然包容、供养一切的广博与伟大，由衷地热爱自然，感恩自然。

（二）学习利用调查、采访等形式，掌握收集资料、整理资料并进行分析提炼的能力，了解自然与人类密不可分的关系，从而认识到热爱大自然、保护环境的重要性。

（三）在丰富的体验活动中分享感恩的快乐，在班级、学校、家庭甚至社区中营造互爱、互助、文明、友善的环境与氛围。

三、课程内容

本课程以"拥抱自然，感恩同行"为主题，根据内容板块分为八个单元，每个单元设计一个感恩主题，每个主题下有两个活动方案，分别是一个年级集体活动方案和一个班级特色活动方案，内容具体为：

（一）感恩和平

通过班级中的"勿忘国耻、感恩和平"活动，让学生通过视频、图片等资料了解我国近代史上所经历的屈辱和磨难，感受和平的难能可贵，联系现实生活深感捍卫和平的重要性，并通过诗歌朗诵以及诵读《和平宣言》、签名等形式，在行动中珍爱和平。

（二）感恩生灵

学生通过参与感恩生灵故事分享会、《感恩生灵，从我做起倡议书》宣读、"敬畏生命，感恩生灵"诗歌朗诵、感恩生灵创意标语设计等活动来感受世间万物都是与人类平等的、有灵性的生命体，懂得应该充分尊重宇宙万物的尊严和生存的权利,世间万物都应该敬畏。

（三）感恩森林

本单元的学习活动主要有"爱森林"故事会、"森林知识知多少"竞赛、摄影作品竞赛、文艺表演等。通过互动,让学生了解与森林、环境相关的知识,增强对森林和环境的保护意识,感恩森林带给我们的美好,懂得保护森林就要从自己身边的点滴小事做起。

（四）感恩健康

事先收集有关身心健康方面的相关资料,以小组合作交流的形式,开展 PPT 展示汇报、健康知识小竞赛、"关注身心健康"手抄报评比展示等活动,让学生了解基本的健康知识,感受身心健康带来的幸福生活和无穷乐趣,从而明白感恩、积极的心态对于身心健康具有重要的意义。

（五）感恩绿水

课前分板块收集资料,以小组汇报的形式,开展"水的诗意"、"水的珍贵"、"水的哀叹"、"水的欣慰"、"节水齐参与"等活动,让学生了解水的重要作用以及水体污染的原因、危害以及改善水质的方法和原理;学生在自主学习中掌握运用网络、新闻等方法获取信息,并能加以整理、分析和运用的方法;学生感受到与自然和谐相处的意义重大。

（六）感恩大地

通过多样的活动形式,如在歌声中感恩大地的养育、小品剧表演《大地在哭泣》、小小科普发布会、我为大地吐露心声等活动的开展,让学生关注人类赖以生存的大地,感受大地默默无闻的付出,并思考人类能够为大地做些什么,激发学生对环境的感恩之情。

（七）感恩蓝天

通过调查、访问、收集资料、小组汇报等形式展开。学生利用歌舞、小品、诗朗诵等方式来赞美蓝天、感恩自然。为了加强环境保护意识,提高环保观念,认识大气污染的重大危害,"感恩蓝天"活动除了让学生通过丰富的活动来达到情感上的共鸣之外,还要让学生领悟到保护环境是每个人的职责,把环境保护落实到行动上来。

（八）感恩生命

通过视频观看、向父母咨询关于自己的生命小档案、讲述珍爱生命的故事、合唱歌曲《感恩的心》等活动，了解到生命的来之不易，增强应对挫折的勇气和信心，感受到只有通过积极的学习和感恩的心态来面对生活，才能充实生命，不让生命白白流逝。

四、课程实施

本课程实施之前应该有所准备：提前进行年级分工和班级小组合作任务的分配。本课程一共有 8 个单元。每个单元中的活动都需要老师和学生收集相关主题的资料，然后精心设计符合学生特点的教学活动环节。本课程共 16 课时。具体的实施方案参见校本教材《心怀感恩》第三卷，每个主题单元都有实施教案。本课程实施的路径与方法如下：

（一）合理安排教学方法和手段

可使用的教学方法和手段大致有以下几种：

1. 师生互动法：教师和学生都是学习的主体，由教师进行引导，由学生自主探讨。

2. 问题探究法：教师留一定的思考题，让学生想办法弄明白。

3. 小组讨论法：（合作学习法）将学生分成若干小组，通过小组的探讨，理解所学的知识。

4. 表演学习法：通过小品等方式，让学生换一种方式学知识。正确的行为与错误的行为相互对照，给学生以真实的感觉，加深印象，规范行动。

5. 查询资料法：让学生查询一些伟人或生活中平凡之人的感人事例。课上和同学交流的过程，就是理解和掌握知识的过程。

（二）注重实践体验，熟练掌握感恩方式

感恩于心，回报于行。在班级与年级特色活动中，会设计大量"感恩在行动"的系列体验活动，让学生在体验中懂得感恩。

五、课程评价

因为此课程的活动开展分为班级特色活动和年级活动两部分，所以该课程的评价按照两种方式进行，均重视过程性评价，尽可能正面鼓励，给予学生肯定与赞赏，具体的评价方式如下：

1. 年级开展活动采用积分制评价。

参加课程的每个班级为一个团队，团队积分有加分项和减分项。

常规加分项的内容包括：回答问题答对者加 10 分；活动纪律表现好的班级加 10 分；积极参与团队合作任务者加 10 分；团队合作展示优秀者加 10 分；

减分项：不按要求完成团队任务每次扣 10 分；参与活动的时候不遵守活动纪律的班级扣 10 分。

每次活动之后根据评比结果，会由年级级长对表现优秀的团队和个人给予奖励，这样学生参与活动的积极性就会提高。

2. 班级活动评价采取展示性评价和过程性评价相结合的方式。

每一单元的主题感恩活动均采用现场评价和使用评价量化表相结合的评价方式。老师给予现场评价，并根据学生的表现提出建议性的评价；每个学期的感恩课程形成整体，对学生进行可持续性的发展性评价。

根据学生的心理特点，各个班级制定一些有特色的表扬单，在墙上张贴评比表和评价考核表，如"感恩行动表"，并在每次活动中评选"班级感恩之星"、"最美感恩行为"、"感恩行动小天使"等荣誉称号。另外，通过写"表扬信"和在班级微信群里表扬等有趣的方式对优秀学生进行评价，学生都能深受鼓舞，并以此强化和内化感恩的行为与意识。

（课程设计：史丽霞）

第二章

M：科学与探索课程

假如我有一双翅膀,我要环游全世界;假如我有一对鱼鳍,我要探索海底世界。生活的意义在于无穷无尽地探索未知的世界。科学所打开的世界越来越辽阔,越来越奇妙。科学尊重事实,服从真理,不会屈服于任何权威。老师要善于激发学生主动探索的积极性,鼓励学生提出质疑,追根究底。我们希望每一个孩子都成长为会思考、会探索的智慧少年。

嗨

你微笑了吗

大千世界

是如此妙趣横生

科学探究

是那样奇妙无穷

让我们一起走进科学与探索课程

感受科技的魅力吧

孩子

你准备好了吗

达尔文曾说："我之所以能在科学上成功,最重要的一点就是对科学的热爱,坚持长期探索。"科学给少年以营养,给成年人以创意;让幸福的生活锦上添花,让诗意的生活充满趣味。"科学与探索"课程是以培养孩子科学与数学素养为目的的跨学科校本拓展课程,它把"探索"、"发现"、"创造"等视为人的本性,发展孩子与生俱来的探索兴趣,建立合理的知识结构,养成求真的科学态度。对于提高孩子的核心素养具有基础性意义。

"科学与探索"课程分为逻辑科学类、自然科学类、技术科学类、体验科学类等,每一类课程包含多个子课程。根据不同年段的孩子心理、生理特点,每个课程分六个年级,层层递进,活动形式多样、开拓思维,启迪智慧,内容丰富。

逻辑科学类课程包含玩转数学课程、思维训练营课程等。从培养孩子对图形的观察能力、想象能力、动手操作能力逐渐到培养孩子的发散思维,使孩子们感受到数学与生活的密切联系,养成用数学的眼光看问题的习惯。逻辑科学类课程能培养孩子的智力和数学敏感性以及用数学创造美的能力。

自然科学类课程包含科学课程、数学课课程等。通过摆数字、摆算式、数独、24点游戏等激发孩子对数学、数字的兴趣;促使孩子动口、动脑、动手,发展思维能力;锻炼孩子的速算技巧和口算能力;提高孩子们的观察能力和推理能力;培养孩子们的分析、逻辑、统观全局的能力。

技术科学类课程包含信息技术课程、科学小星星课程等。通过对信息技术、科学工程的体验,尝试提出问题,初步设计解决方案,并试着找工具解决问题。运用先进的信息技术,让生活中的问题更易解决,以此提高孩子们运用工具、参与技术工程的兴趣和能力。

体验科学类课程包含综合实践课程、创意科技节、趣味数学节、乐乐爱观察课程、乐乐去实践课程、寒暑假综合实践课等。通过走进社区,走进社会,走进大自然观鸟、观昆虫、观植物等系列活动,孩子们能够感受到大自然的奇妙,更加关注身边的动物、植物,培养孩子们细心观察和解决问题的能力,使孩子们熟悉校园里的生物,学会了解并爱护它们,增强孩子们与自然和谐相处的意识,使孩子们深刻理解岭南文化。孩子们更爱家园、校园,更加热爱大自然! 孩子们在体验中快乐,在体验中进步!

人的天性在于探索真理,只有探索才能更好地认识世界。科学与探索课程根据孩子们的经验,在他们熟悉的日常生活中选取有关内容,让他们看、做、玩、想,并收获知识,培养兴趣,养成习惯、学会方法,形成思维、提高素养,为终身学习打好基础。培养既异想天开,又实事求是的科学工作者的特有精神,让我们在无穷的宇宙长河中去探索无穷的真理吧!

(撰稿 吴美玲)

百 变 化 学

适合对象：三至五年级下学期

一、课程背景

化学是自然科学的一种，是在分子、原子层次上研究物质的组成、性质、结构与变化规律，并且能够创造新物质的科学。世界由物质组成，化学则是人类用以认识和改造物质世界的主要方法和手段之一。它是一门历史悠久而又富有活力的学科，它的成就是社会文明的重要标志。日常生活中，学生对化学的知识已有所接触、了解，只是尚未经过系统学习，所以我们借助"百变化学"课程，进一步培养学生对化学的兴趣。

"百变化学"课程的实施能培养学生的科学实验能力、动手操作能力、信息收集能力，并激发学生的创造潜能。通过化学知识的学习，可以帮助学生从一个新的角度——化学去看世界，让学生学习到一些蕴含在生活中的化学道理；而通过动手实验，则能培养学生的科学严谨精神，提高学生的动手能力和合作沟通能力。

本课程的理念是：快乐实验，科学探究。我们在小学三年级就开始"百变化学"这门课程的学习，主要是为了激发学生学习化学的兴趣，让学生快乐地进行化学实验，并在此基础上学会科学探究的基本方法和基础技能。

二、课程目标

（一）学习化学的基本概念、基本知识、基本原理和基本实验技能；

（二）初步了解物质发生化学反应的一般原理和知识；

（三）掌握基本的资料查询及运用现代信息技术获取相关信息的方法；初步学会简单的实验设计，懂得创造实验条件，归纳、整理、分析实验结果。

三、课程内容

从校本课程"百变化学"入手培养学生的动手实验能力，激发学生的科学探索精神，让学生在科学严谨的实验中体会化学的奥秘。围绕以上增长点，本课程以"丰富化学知识，展现化学魅力"为主题，内容主要分为以下3个模块。

（一）化学基础知识学习

主要包括基本的化学实验仪器（如试管、滴管、药匙、漏斗、玻璃棒等）的认识和使用注意事项，化学基本概念（如溶液、悬浊液、乳浊液、溶液）的了解和区分，掌握基本化学知识。

（二）化学基本原理和基本实验技能学习

主要包括配置溶液方法，常见气体的收集和检验方法，氢气和二氧化碳制取实验操作，认识溶液的酸碱性及 PH 试纸的使用，了解金属与酸、盐反应的一般原理，会进行简单的电解实验操作，蛋白质的检测等。

（三）简单的实验设计学习

主要包括化学实验设计方案、物质制备实验的了解，物质性质实验、物质鉴别、实验方案的设计。

四、课程实施

本课程主要通过化学实验箱和科学实验手册等学具，网络查阅化学信息相关的音像资料等多种渠道获取教学资源。面向三年级以上参与创意科技节之"百变化学"的兴趣学生展开教学。每学年下学期的科技月为一个教学周期，共 10 课时，每周一课，每课时 60 分钟。

（一）策划筹备，宣传发动，营造气氛（2课时）

1. 课程策划筹备工作

（1）主办部门确定成立"百变化学"课程活动组委会，全权负责课程活动各项事务；

（2）就"百变化学"活动各部分进行充分探讨，最终确定活动策划方案；

（3）组委会内部确定分工细节及各部分负责人；

2. 活动宣传

利用倡议书、宣传单、海报等宣传"百变化学"的活动内容、活动形式、活动时间，调动学生参与活动的积极性和主动性。

（二）家校携手，共同普及"百变化学"的知识、技能（4课时）

利用学校大课间、午读或社团课普及"百变化学"知识、技能；同时也可以利用学校校门口的电子屏幕循环播放有关"百变化学"知识、技能的幻灯片或flash。甚至可以将相关的知识技能幻灯片或flash发送到班级QQ群、微信群，让学生和家长一起参与，家校携手共学"百变化学"。

（三）组队PK，全校竞赛（4课时）

1. 初赛：三—五年级所有学生以班级为单位进行"百变化学"知识、技能笔试活动。每班前5名自动组队进入决赛。

2. 决赛：决赛形式分为现场知识竞答和现场技能比赛两部分。

现场知识竞赛：

（1）必答题：

题型设计：全部为选择题，总共10题，每题10分，答对加分，答错不加分不扣分。

（2）风险题：

题型设计：以选择题为主，分为单选、双选、不定项选择和论述题，各级题目分别对应的难度等级逐步增加，分值分别为：10分、15分、15分、20分。题目数量分别设置为5题，5题，3题和2题。答对加分，答错则该题分值扣掉。

现场技能比赛：

竞赛内容为所学各种化学学科的相关简单实验,主要考察学生正确、规范使用仪器,取得正确实验数据的能力;正确记录、处理数据和表达实验结果的能力。这一环节需要视频录制小实验情况,最后颁奖,现场播放胜出的团队视频片段。

上述两轮比赛结束后,进行分数排名(知识竞赛占 40%,技能竞赛占 60%)。若此时场上有队伍分数是相同的,则加赛 3 题抢答题,抢答过程中不得提前按抢答器,否则取消本轮的答题机会。抢答成功并回答正确的队伍在原有的基础上加 10 分,答错的在原有的基础上扣除 10 分,直到赛出最终排名。每支队伍最后都有颁奖,由队伍的队长上去领奖。

在本课程实施过程中要注意以下两点:

一是要有意识地引导学生从科学的角度思考问题。在本课程实施过程中,不仅要注意引导学生进行观察、感知、想象、猜测、推理验证等科学活动,而且要有意识地引导学生从科学的角度来提出问题——进行猜想——实验验证——得出结论,以便学生能够不断地完善科学实验研究的过程。

二是要注重让学生"活学活用"。科学课程的实施要注重培养学生的创新精神和实践能力,发展学生的情感、态度、价值观及一般能力,完全应用讲解传授的教学方法已经不合时宜。教师在教学过程中要注重引导学生参与科学活动的"发现"过程,让学生获得"活"的知识。

五、课程评价

评价,不能只看一个学生的学习成绩,还要去看学生的合作能力、动手操作能力等,因此,"会学化学,会用化学"成了本课程的评价原则。结合具体实际,本课程宜采用"纸笔测验"、"展示性评价"和"评选活动"的方式对学生进行全面多元的评价。

(一)纸笔测验

在进行基本化学知识、基本化学技能等理论性评价时,宜将相关知识设置为一张书面卷子,学生经过比赛后决出"优秀个人"和"优秀团体"。

（二）展示性评价

现场操作实验时,可将学生边实验边解说的过程录制下来,经过科学评审后,通过学校电子屏幕展示此部分学生的实验操作视频,以增强学生的荣誉感。

（三）"小小化学家"评选活动

对综合能力突出者授予"小小化学家"荣誉称号,并在科技节闭幕式上举行"颁奖"大会,让学生在比赛中巩固知识和实验技能,在仪式中增强学习自信心和成就感。

（课程设计：林晓玲）

课程现场
2-2

奇妙生物社

适合对象：三至五年级

一、课程背景

生物学是自然科学的一个门类,它是研究生命现象和生命活动规律,包括生物的结构、功能、发生和发展规律,以及生物与周围环境的关系的科学。

生物学是一门与人们生活息息相关的重要科学,现代医学、农业、林业、牧业和渔业等,都在应用或者正在探索生物学的基本原理,为人们提供更优质的产品和服务。就21世纪科技的发展而言,生命科学是本世纪人类最有可能取得重大突破性发展的领域之一,它将促进人类社会的进步,为人类做出前所未有的贡献。

"善于观察,勤于动手,快乐探索"是本课程的理念。孩子们通过观察日常生活中有趣的生命现象,动手进行多种实验活动,激发学习热情和学习兴趣,去探索奇妙的生物世界,从而获得初步的生物知识和实验技能,发现简单的生命活动规律,为将来系统地学习生物科学打下坚实的基础。

二、课程目标

(一)初步了解相应的生物基础知识,知道生物实验操作方法和步骤,锻炼动手和动脑能力;

(二)学习生物体各部分的结构和功能,探究感知一些生命现象,体验实验操作的乐趣;

(三)通过生物实验探究和操作,能从实验现象和事实中归纳简单的科学规律,培养观察能力、动手能力和探索生物科学的精神。

三、课程内容

本课程以"趣味观察,积极动手"为主题,内容分为四个部分:

(一)奇妙的生物世界

主要内容是通过一些故事、影音图像等资料,知道生物科学是一门研究生命现象和生命活动规律的学科,生物世界是需要在日常的生活中经过不断的观察和思考才能探究的奇妙世界。

(二)实验操作

主要内容是能认识实验箱中相关实验材料和实验仪器,以及科学体验活动的操作规范;根据实验手册中的实验方法步骤,能够独立完成各个实验的操作;会制作动植物的临时玻片,并能熟练使用光学显微镜观察细胞。

(三)数据分析

主要内容是会根据探究目的和已有条件设计实验,能正确使用仪器,能正确记录实验数据,会从实验现象和事实中归纳简单的科学规律,会用科学术语、简单图表等描述实验结果。

（四）创新训练

主要内容是利用自己了解的生物知识，争取创新出手册中没有的实验，培养学生的探索精神和创新能力。

四、课程实施

本课程实施之前应该有所准备：精心备好课，组成生物兴趣小组，保证生物科学实验的设施用品，准备多种实验材料，让学生通过不断地实验操作练习，掌握生物实验的技巧。

本课程共用时 14 课时。具体实施安排如下：

（一）观察与思考（2 课时）

通过不同的方式观察不同的生命现象，感受生物世界的神奇与奥妙，增强学学习生物科学的兴趣。

1. 了解生物学科，认识实验箱中相关实验材料和实验仪器，以及科学体验活动的操作规范。

2. 根据教材，对照显微镜的结构示意图，认识各部件的名称及作用；学会独立操作简单光学显微镜。

（二）操作与探究（8 课时）

通过教师讲解示范、学生模仿实践操作并交流反思总结。

1. 学会制作植物和动物的玻片标本（2 课时）

（1）了解玻片标本的种类和制作方法，学习制作苹果果肉临时切片标本以及洋葱表皮临时装片标本，学习做实验记录，绘制植物细胞图。

（2）制作人口腔上皮细胞临时装片标本并认识细胞（发现、命名、结构），学习植物细胞与动物细胞的区别。

2. 认识根尖（茎）和叶片的结构与功能（2 课时）

（1）观察根尖的结构，认识根尖的功能、细胞的吸水和失水，观察洋葱外表皮的质壁分离。

（2）观察植物叶片的结构，认识叶片的光合作用和蒸腾作用，了解叶绿体中色素的提取和分离,课后自主收集不同形态的叶片进行观察。

3. 认识花和种子的结构与功能(2课时)

(1)观察花的结构,认识花的功能,制作花的结构标本,课后完成基础实验日志"观察花的结构",对比观察不同形态花的结构。

(2)观察绿豆种子和玉米种子的结构,认识种子结构和功能,认识种子的成分,对比观察粮食作物中的单子叶种子和双子叶种子。

4. 认识动物的生长习性及日常生活小探究(2课时)

(1)观察草履虫,认识单细胞动物,观察蚂蚁的觅食行为(嗅觉、触觉),自主完成盐水虾的孵化培养,观察蚯蚓的运动。

(2)讨论探究的过程与方法(猜想、实验、结果),学习探究空气中尘埃的方法,了解植物的呼吸作用、种子的萌发条件,自主学习探究植物的向光性。

(三)自主与合作(2课时)

通过自主探索和合作实践练习法,自主选择要观察探究的实验内容,小组一起沟通交流制定实验目标,完善实验步骤,交流实验注意事项。在此过程中培养自主学习和互相沟通的能力,学生更能明白合作的重要性,通过探究思考并动手操作解决问题,能让学生产生自豪感和集体荣誉感。

(四)创新与展示(2课时)

小组探讨、交流总结并结合实践练习。小组观察某种生命现象或者生命特征,经过讨论后,确定一个探究主题,初步构建实验器材和实验步骤,在老师的简单引导下,进行分工合作探究,在掌握基础实验的前提下尝试从不同的角度来创新实验。老师协助,让学生反复操作练习,最后将实验的成果展示给大家看。学生能够学以致用,体验成功的喜悦,提高思维能力。

在本课程实施过程中要注意以下两点:

一是教师讲授和学生自主合作探究、动手操作相结合来实施教学活动。考虑到学生对生命科学的话题比较感兴趣,有热情,所以教学时由老师简单引导,采用集体讲授、独自练习、分组活动、合作学习、实际操作等方法加深学生对生物学的了解和认识,感受生命科学的魅力。

二是科学性与趣味性相结合。在教学活动实施过程中,要针对学生年龄及心理特点,以形象、具体、生动、活泼的形式开展活动,努力设计富有趣味性的教学方式,让学生学有所得、学有所乐,使他们在愉快的氛围中增长知识与才干。

五、课程评价

根据本课程的性质特征,评价宜重参与、重过程,强调评价主体的多元化,采取以实验操作为主,以过程性评价和终结性评价相结合的方法。本课程在评价方式上宜采取积分制评价和"小小生物家"评选活动进行评价,具体做法如下:

小组成员　　得分　　日期							总分

(一)积分制评价

鼓励认真学习的学生,以积分作为奖励,在课堂上积极发言、认真完成任务可获得一积分,团队合作展示优秀加五分。每四个课时进行一次评选,得分最高小组将被评为"最佳团队"。

(二)"小小生物家"评选活动

开展生物基础知识、基本实验操作技能比赛,对表现突出者授予"小小生物家"荣誉称号,并定期举行"颁奖"大会,让学生在比赛中巩固知识和实验技能,在仪式中增强学习自信心和荣誉感。

(课程设计:韦云霞)

乐乐去实践(一年级)

适合对象：一年级

一、课程背景

社会实践是一个富有深刻内涵的概念。社会实践活动是引导学生走出校门、接触社会、了解国情，使理论与实践相结合，锻炼学生才干的重要渠道；是增强学生服务社会的意识，促进学生健康成长的有效途径。一年级的学生天真浪漫，喜欢动手实践，所以我们借助"乐乐去实践"课程，帮助学生更新观念，树立正确的世界观、人生观、价值观。

"乐乐去实践"课程引导学生参加社会生活和社会实践，可以使学生学到很多在课堂上学不到的东西，也可以把课堂上学到的理论知识同社会实践联系起来，加深对课堂学习内容的理解，全面推进素质教育，培养学生的创新精神。更重要的是，参与社会生活和社会实践，既可以培养和锻炼学生的实践能力，又可以加深学生对社会的了解，培养学生的社会责任感。

本课程的理念是：课内课外相结合，知情意行齐统一。"乐乐去实践"课程设置的每一个地点、每一项活动都有明确的活动目的和恰当的活动形式，引导学生将知识与经验、理论与实践、课内与课外、校内与校外有机结合起来，认知事物和社会，为每一个学生个性的充分发展创造了空间。通过学生主体性、创造性、实践性的学习过程，让学生在亲身体验的过程中进行学习，积累丰富的直接经验，培养创新精神、实践能力和终身学习的能力，以提高学生解决问题的综合能力，促进学生知情意行和谐统一的发展。

二、课程目标

（一）初步了解植物、动物的生长、培育等知识,懂得保护动植物和生态平衡的重要性,初步形成人与自然和谐相处的意识。了解广州历史,增进对广州的认识,崇敬伟人。

（二）激发热爱祖国、热爱人民、热爱生活、热爱大自然的情怀,努力拓宽渠道、创造机会领略大自然的优美风光,向往绿色生活。

（三）了解并积极关注现实中的各种问题,获得积极参与实践的体验和丰富经验。

三、课程内容

本课程以实地游玩、亲身感受为主,通过参观广州市的儿童公园、蔬菜公园、野生动物园、中山纪念堂等名胜,了解动植物的相关知识,了解广州历史,领略大自然的优美风光,形成与自然和谐相处的意识。课程内容分为四部分:

（一）课前准备

1. 准备地图,规划好游玩路线

人手两份相关的地图,一张详细,一张简略。小组一起做做功课:了解参观地点的大致地形,知道有哪些事物,包括地图上的一些标记所代表的含义及其用途。也可以先上网查阅相关资料,初步了解,有的放矢地参加活动。

2. 游玩必备品的准备工作

和家人一起为出游准备午餐食品、水、小零食、防晒用品、记录本、照相机、垃圾袋等,做好充分的准备。

3. 小组内定好汇报形式和内容

小组讨论,分工合作,共同制定《乐乐去实践任务单》,安排和分配好各项活动以及汇报负责人,达到学以致用的效果。

4. 文明安全教育

教师认真做好纪律教育,教育学生争做文明小公民,遵守各项规则,学习礼仪文化,讲究旅游礼仪。游玩时始终要注意安全,不要盲目奔跑,以免出现意外。小组内讨论危急情况的处理方式,包括怎样向路人求助,怎样和老师联系等。增强学生的安全意识,确保学生人身安全和活动的顺利进行。

(二)参观游玩

在师长的陪同下分小组参观游玩广州市的儿童公园、蔬菜公园、野生动物园、中山纪念堂等,通过了解这些地方的特点和历史,引导学生去认识、发现自然美、生活美,培养热爱劳动、爱护动植物、热爱祖国的情感。

1. 了解儿童公园的各种设施,并进行各种活动,感受快乐;

2. 参观蔬菜公园,认识各种蔬菜,了解各种蔬菜的生长过程和规律;了解由它们制作成的各种美食,体会劳动的艰辛并懂得珍惜粮食;

3. 参观野生动物园,认识各种动物,了解它们的生活习性;知道动物是人类的好朋友,懂得保护动物,保护整个生态系统的平衡,保护地球环境,保护我们的家园。

4. 参观中山纪念堂,了解孙中山一生的革命事迹和革命理想,明白正是前辈们一代代的前赴后继,奋勇不惜,才换来我们现在的美好生活。最后树立向老一辈革命人学习的志向。

(三)课程汇报

1. 七嘴八舌

内容包含在孩子们游玩回来后,分小组进行汇报、问答等。使学生通过语言交流,活跃思想、陶冶性情、丰富知识,把所思所想融入自己的所见所闻之中,有主见地表达出来。

2. 巧手画画

主要内容是在参观游玩的基础上,把自己在游玩过程中的新发现通过画画的形式表现出来,让这些见闻更能让朋友同学接受和理解,同时也通过这种方式让孩子自由表达。

3. 美景拍拍

主要内容是在参观游玩的基础上,走进广州市的儿童公园、蔬菜公园、野生动物园、中山纪念堂,把自己最喜欢的场景以及同学们一起欢乐玩耍的场景拍摄下来,记住这些让人难忘的瞬间。

（四）成果展示

进行课后评价,评选出优秀作品,利用班级"乐乐成长足迹"展示优秀作品。

四、课程实施

本课程实施之前应该有所准备：提前进行小组合作任务的培养,精心选取参观游玩的场所。

本课程用时 4 天,一年级上学期参观游玩广州市的儿童公园、蔬菜公园,下学期参观游玩野生动物园、中山纪念堂。实施路径与方法如下：

（一）游玩与了解

参观游玩不同类型的美景、乐园和纪念堂等,了解动植物的生长情况和特点,感受大自然的美丽。了解广州近代历史,增进对广州的了解和认识。

（二）自主与合作

自主选择参观的场所,团队一起沟通如何进行规划和准备,一起商量如何汇报和展示,在此过程中培养自理能力、自主学习和互相沟通的能力,学生更能明白合作的重要性,最后展示活动能让学生产生自豪感和集体荣誉感。

（三）汇报与展示

教师协助指导,让学生相互交流,上台进行口头汇报、自由提问、自主解答问题;小组合作绘制所参观游玩地方的图画,把心中的景象通过绘画形式展示给大家看。

五、课程评价

"乐乐去实践"课程的评价不必强调结果的科学性和合理性,而要注重学生获得结果的体验过程;尊重多元,鼓励并尊重学生极富个性的自我表达方式;在活动中,不断引导学生反思自己的实践活动等。评价应遵循以下原则:

(一)参与性原则

评价要注重学生亲身参与和学生全员参与,强调课程计划规定的课时活动量的参与情况和参与态度的考核,即学生是否参与了活动的某些环节,参与是否主动积极。同时重视学生自觉参与评价。

(二)多元性原则

包括评价主体的多元、评价标准的多元、评价形式的多元。综合实践活动的评价强调多元价值取向和多元标准,肯定学生与世界交往的多元方式。不仅允许对问题的解决有不同的方案,而且表现自己学习的形式也可以丰富多样。评价的主体也是多元的,领导、教师、学生、家长、校外辅导员和旁观者都可以作为评价者。

(三)激励性原则

评价重在发现和肯定学生身上所蕴藏的潜能、所凸现的闪光点,鼓励学生大胆想象、创造和实践,激发与维持学生在活动过程中的积极性、主动性和创造性;同时通过评价使学生找到积极行为的参照点,学会调整自己的学习行为,提高实践的水平。

活动评价角度及方式要多种多样:实践活动的态度、实践能力的发展、学习方法的掌握情况、参与度评价等都囊括在内,通过观察,记录和描述学生在活动过程中的表现,作为评价的基础。具体评价方法如下:

1. 参与度评价

鼓励学生积极参与活动,以活动过程中的表现作为评价标准。在活动中积极准备、文明参观、积极发言、乐于展示者可获得积分。每进行一次游玩活动评选一次。

2. 展示性评价

在每次参观游玩后进行汇报展示时,通过民主投票,评选出"最受欢迎创作画"、"能说会道小巧口"等,在评选比较过程中,发现和学习别人的优点和特色,反思自身的缺点与不足,共同受益,共同进步。

3. 评语性评价

记录"家长说"、"老师说"、"同学说"、"自己说"等方面的综合评价。

附:实践展示评分标准

实践展示评分标准	
合格	1. 敢于上台汇报 2. 大胆描绘所参观游玩的场所
良好	1. 语句通顺,意思完整 2. 描绘出所参观游玩场所的特点
优秀	1. 语言准确,情感充沛,能表达自己独特的感受 2. 特点鲜明,版面构思独特,图画色彩鲜艳

(课程设计:莫汉泉)

课程现场
2-4

乐乐去实践(四年级)

适合对象:四年级

一、课程背景

"乐乐去实践"课程通过开展实践活动,增强学生主体性、创造性、实践性的学习能力,提高学生综合解决问题的能力,促进学生知情意行和谐统一的发展,让学生在实践中提高自理能力,增强独立性,学习应对课本以外的世界。四年级是小学生知识、能力、情感价值观形成的关键时期,四年级的学生,大多数淳朴、活泼、积极向上,正在逐步由儿童期迈向少年期。在这个时期,他们对自我、他人、家庭、社会有了一些浅显的认识,养成了一定的好的行为习惯,随着他们社会生活范围的不断扩大,进一步认识社会和品德的形成成为迫切的需要。通过积极参与"乐乐去实践"课程,能加深学生对生活的感受和体验,培养学生勇于实践的意识和善于实践的能力。

"乐乐去实践"课程可以增强学生主体性的、创造性的、实践性的学习能力,提高学生综合解决问题的能力,促进学生知情意行和谐统一的发展,让学生在实践中提高自理能力,增强独立性,学习应对课本以外的世界。

本课程的理念是:走进人文社会,正确认识自我;走进真实历史,积极面对人生。通过"乐乐去实践"课程的学习,让学生在实践过程中,与真实的历史触碰,受到浓厚的人文气息熏陶,形成对自然、社会、自我的整体认识,培养他们的社会责任感以及对祖国的热爱。最后在回到学校后,提高其学习的主动性,培养其浓厚的学习兴趣,进而更加深刻地认可以及弘扬本校的"微笑教育"理念的思想和精神。

二、课程目标

(一)学生通过爬白云山,呼吸新鲜的空气,感受白云山的秀丽神奇。同时,也可以品尝广州的美食,了解广州的历史文化底蕴。

(二)学生通过参观宝墨园,感受宝墨园的园林建筑特色,享受喂鱼的乐趣。感受和小伙伴出游的欢乐,同时也可以品尝广州的各色美食,在活动中无形地了解并接受广州的历史文化教育。

(三)学生通过参观广州黄花岗公园,了解黄花岗72烈士的英雄事迹,从而更好地理解广州这段历史。在参观的同时,认真观察并记录自己特别感兴趣的事件,接受爱国主义教育。

三、课程内容

本课程以"人文世界，你我共享"为主题，实地游玩白云山、宝墨园、黄花岗公园、广州塔，内容共分为四部分：

（一）课前准备

四年级上学期可游玩白云山及宝墨园，四年级下学期游玩黄花岗公园及广州塔。出游前由教师做好德育工作，教育学生旅游规则及文明礼仪，强调外出旅游需具备的安全意识，准备安全急救用品。组织学生小组合作完成资料搜集任务，查询相关景点的特色及历史文化信息，于课堂中进行展示汇报。再根据学科特点分组制定相应的小组合作目标，于游玩结束后进行展示汇报。

（二）课程开展

走进课程地点，完成相应任务。通过了解这些地方的特点和它们的历史，在数码工具的辅导和记录下，引导学生学会高效率地进行小组合作，采用正确的方式达成目标。在此过程中引导学生去认识、发现自然美、生活美，培养热爱劳动、爱护动植物、热爱祖国的情感。

（三）课程总结

课程结束后，由小组自行制作PPT，并进行有秩序的汇报与展示，撰写相关游记。

（四）课程成果展示

进行课后评价，评选出优秀作品，利用班级"乐乐成长足迹"展示优秀作品。

四、课程实施

本课程实施之前应该有所准备，应在班级中培养学生建立良好的小组合作秩序，形成良好的组长指挥、组内分工、团队实施、合作汇报体系。课程用时共4天，白云山、宝墨园、黄花岗公园、广州塔各一天。实施路径与方法如下：

（一）信息搜集

教师认真做好前期的德育工作，教育学生旅游规则及文明礼仪，强调外出旅游需具备的安全意识。布置班内小组合作任务，通过小组线下深入的合作和探讨，在小组组长的指挥下，确定小组各组员的分工，进行前期的景点信息搜集以及出行物资准备，并进行相应的展示汇报和分享。之后由小组继续探讨，做好该组景点游玩现场摄影、物资看管、路线规划、文字编辑、安全提醒等工作的具体分工。

（二）自主合作

提出小组合作任务：

任务一：在游玩过程中，各小组进行具体的分工，由各组员合作记录该次景点游玩时发现的美好事物并积累相应素材，回校后小组制作图文PPT，在班级中进行分享展示。

任务二：说一说你对该景点印象最深的地方，全组讨论，各写一篇游记，组内分享并互相修改。

来到游玩参观的景点，应在教师的统一带领和组织下，各小组组长指挥组员进行有条不紊的参观。教师应引导学生发现自然和人文景物之美，指导并帮助各小组使用数码产品进行记录留念。

出行应注意安全为第一要素，在保证安全的前提下完成其他任务。

（三）汇报与展示

教师协助指导，让学生小组合作，上台分享制作的PPT与此次游玩的感受。评选优秀的小组，将相关照片和文章打印出来，利用"乐乐成长足迹"进行展示。

五、课程评价

评价不仅要看结果，更重要的是看学生在游玩、小组合作过程中是否在自己原有的基础上有所提高。要充分体现小组合作的个性化、统一性、创造性等特点。弱化评价的甄别功能，以鼓励为主，肯定学生的进步和发展,起到反馈调节、展示激励、反思总结、积极导向的作用,更好地促进师生发展。课程评价贯穿于课程活动的全过程。

（一）小组内互评

在组长的带领下,进行组员间分工效果互评。主要从解决问题能力、分工合作能力、行动能力等方面进行评价,反思不足,肯定成绩。

（二）展示性评价

选出优秀的小组作品,进行班级展示及"乐乐成长足迹"展示。

（三）老师评价

每次活动结束后,教师及家长以此为突破点,对学生进行思想及学习方法上的深刻指导和鼓励性的评价。促进学生突破自我,改善学习方法,在各方面得到质的飞跃!

（课程设计：李　纯）

课程现场
2-5

乐乐去实践(五年级)

适合对象：五年级

一、课程背景

《综合实践活动课程纲要》指出,综合实践活动是从学生的真实生活和发展需要出发,从生活情境中发现问题,转化为活动主题,通过探究、服务、制作、体验等方式,培养学生综合素质的跨学科实践性课程。五年级属于情感态度与价值观塑造的关键期,知识、能力、情感态度价值观的建立大多依托间接经验,通过积极参与"乐乐去实践"课程,能加深学生对生活的感受和体验,培养学生勇于实践的意识和善于实践的能力。

"乐乐去实践"课程可以增强学生主体性、创造性、实践性的学习能力,提高学生解决问题的综合能力,促进学生知情意行和谐发展,让学生在实践中提高自理能力与独立性,学习应对课堂以外的世界。

本课程秉持以下理念:活动促成长。通过综合实践活动课程的开发与实施,培养学生活动的自主性、探究性、合作性,使学生在丰富多彩的探究性学习活动中学会发现,学会探究,学会合作,形成发现问题与解决问题的能力。

二、课程目标

(一)通过参观广东省博物馆、烈士陵园、帽峰山森林公园、岭南印象园等名胜,加深孩子们对岭南的历史文化及自然文化的了解。

(二)在参与完成小组活动中,提高组织能力、团队合作能力及独立解决问题的能力。

(三)在参与活动的过程中,学习、传承祖国文化精华,继承革命先烈的优良传统。

三、课程内容

本课程以亲近自然、走进自然为主题,内容分为四部分:

(一)活动准备

五年级的实践内容可分为上下两学期,上学期的活动地点是广东省博物馆、帽峰山森林公园;下学期的活动地点是烈士陵园、岭南印象园。活动前先布置学生搜集、整理、了解活动场地的相关背景资料,准备活动中需要的相关工具。

(二)活动开展

1. 根据活动计划进行分组,交代完成任务的不同要求,提醒注意事项,保证活动安全进行;

2. 老师随时了解各组活动进程、遇到的困难,提出解决的办法,指导活动继续进行。

（三）活动总结

活动结束后，班主任召集学生集中：

1. 分享活动成果、分享心得体会。

2. 上交各小组完成的作品，老师对活动过程及作品进行评价。

（四）活动成果展示

评选出优秀作品，在班级利用投影分享作品；利用班级"乐乐成长足迹"展示优秀作品。

四、课程实施

本课程实施之前应该有所准备：精心设计路线，组织健全活动小组，保证本次实践活动能安全进行，准备多样化的实践任务单，让学生在实践中得到更多的收获。

本课程可分为上、下两个学期。实施路径与方法如下：

（一）收集与准备

1. 了解活动地的相关内容：

上学期：广东省博物馆、帽峰山森林公园。

下学期：烈士陵园、岭南印象园。

2. 班主任向学生普及相关安全知识，做到安全出游，文明出游。

3. 以小组为单位做活动计划表，明确小组成员分工，有计划地进行实践活动，教师可根据各小组做出的计划表，进行相关指导，使学生在活动中的学习更有效，更有针对性。

4. 班主任发动家长积极参与到活动中。

（二）活动与交流

乐乐去实践任务单（以小组为单位完成）：

1. 组长进行分工，分工内容如下：负责记录实践路线、找老师帮忙拍照、找景点、想拍照造型、负责打印、冲印照片等。

2. 老师了解活动开展情况，对有困难的小组进行指导。

必作任务：

任务一（找特色拍特色）：小组合作，找到景区中最具代表性的地点，并能介绍景点的特色及意义，全组一起造型拍照留念，回来后评选最优秀小组，并冲印出两张最漂亮的照片上交给班主任。

任务二

选作任务：

A. 做一幅你们小组游玩的线路图（A3 纸），并突出每个景点的特色。

B. 做一份研学指南，图文结合（A3 纸），内容包括研学前准备，研学注意事项等。

（三）畅谈与分享

活动结束后，班主任可将活动中收集的精彩照片、精彩小故事等与学生一起分享，精心准备一节活动分享课，让学生在课上说一说、画一画、写一写。

（四）评价与展示

分享课结束后，班主任可根据学生活动计划表和学生的活动总结，与学生一起评选出优秀作品，可采用小组评、个人评、班级投票、老师评等方式，最后在"乐乐成长足迹"展板展出。

五、课程评价

（一）综合实践活动的评价方式多种多样，可以是参与度评价、小组评、老师评、家长评等。

1. 过程性评价

鼓励学生积极参与活动，以活动过程中的表现作为评价标准。教师课前准备印章，对在活动中积极准备、文明参观、积极发言、乐于展示者盖印章奖励，按照印章个数算所得积分。每进行一次游玩活动评选一次。

2. 评选性评价

每次活动都是以小组活动的形式开展，小组成员之间是最了解的，在每次参观游玩后汇报展示时,通过小组评的方式,评选出"最受欢迎创作画"、"最理想线路图"等。在评选比较的过程中,发现和学习别人的优点和特色,反思自身的缺点与不足,共同受益。

(课程设计:谢玉兰)

课程现场
2-6

七 巧 世 界

适合对象:一年级上学期

一、课程背景

"现代智力七巧板"是图形科普学研究者楼珠球老师,在我国古代发明——传统七巧板的基础上,以物体的几何曲线为基础,巧妙应用现代高等数学里的几何学、拓扑学、排列组合以及线性规划原理设计而成的新型七巧板,是一种适合于各个年龄段学生拼玩的创新教育学具。现代智力七巧板与传统的七巧板相比外观迥异,却具有极为相似而又严谨的数学规律,改变了传统七巧板"图案量少、形象单调、没有弧线"的缺点。"现代智力七巧板"看似简单,拼搭起来则奥妙无穷,妙趣横生,深受学生们的喜爱。

七巧板与课堂教学相比更具有灵活性和可塑性,因而深受学生喜欢。通过组织学生参与"七巧世界"科普系列活动,激发小学生对科学的兴趣,开发他们的智力,锻炼他们的动手动脑能力,启迪他们的创造意识。通过训练七巧板活动,培养学生的空间想象力,丰富他们的课余生活和寒暑假,培育科学素养,促进科技教育活动的普及与发展。

本课程的理念是:快乐游戏,开拓创新。选择贴近学生生活且能引起其兴趣的、基础的、利于学生发展的七巧板知识和技能,结合过程和方法,组成课程的基础内容。坚持让学生主动探究,重视个性与创新意识的培养,最大程度地开发学生的创新潜能。本课程将基于学生的直接经验,密切联系学生自身生活和社会生活、文化资源,鼓励学生进行体验性、探究性、合作性学习,努力使每个学生都得到最大程度的个人发展,获得成功的感受。本课程突出七巧板的多元化和个性化,结合小学其他学科,充分发挥七巧板教育在素质教育中的作用,体现基础教育改革的精神。

二、课程目标

(一)初步了解七巧板的基本知识和拼摆七巧板的基本规则,创造一些七巧板图形,锻炼自己动手动脑能力。

(二)体验多种拼摆技巧,运用不同拼摆方法创造各种图形,丰富想象力,活跃思维。通过模仿与想象,把物象重新组合成新形象和新情景。借助图案游戏与竞赛,充分调动手、眼、脑的运作和协作,在强烈的感观互动中发展创造性潜能。

(三)通过与同学合作拼摆,尽情发挥想象力,增强合作交流能力。结合故事的创作,固定情境的不同联想,激发了创作热情,把数学、美学紧密地联系起来,有利于锻炼思维能力,提高综合素质。

三、课程内容

本课程以"丰富多元,创意创新"为主题,内容分为五部分:

(一)奇妙的七巧世界

观察由七巧板拼成的不同系列、不同组成成分的图形,学生发挥想象力,对所见图形进行描述并分析其各部分组成图形。

(二)静物拼摆

按规定拼摆,掌握拼图规则,并记录在拼摆过程中的发现。

1. 神奇字母

2. 常见的交通工具

3. 可爱的小动物

4. 美丽的建筑

（三）动物拼摆

1. 分类拼摆智力七巧板图形,如人体动物等,结合拼摆出的一系列图形构思出相应的故事。

2. 根据给出的固定情境,小组合作创作符合情境的七巧板摆拼图形,并进行相应的解说。

（四）图形分解

逆向思维,将物体进行图形分解,加深对七巧板图形的认识。

（五）创意拼摆

无内容限制,拼摆最具创意的图形,尽可能地发挥想象力并结合图形进行精彩的解说。

四、课程实施

本课程实施之前应该有所准备:精心备好课,组织健全七巧板兴趣小组,保证"七巧世界"的设施用品,准备多样化的图形让学生对拼摆有所参考和认识。本课程用时 10 课时。实施路径与方法如下:

（一）展示与欣赏

通过讲授理论法、图形展示法以及师生讨论、课中分享,完成任务:

1. 通过校内宣传让孩子认识七巧板课程,了解七巧板的结构和操作方法,知道七巧板的发展历史。

2. 通过展示精彩的七巧板图形,产生浓厚的学习兴趣,积极参与到课程学习中来。

3. 引导学生了解七巧板对世界儿童的娱乐、教育及智力开发所起的积极作用。

（二）研讨与交流

通过教师讲解示范、学生模仿实践并交流反思总结,完成任务:

1. 让孩子从简单的自由拼图开始进入学习状态,熟悉各拼板之间的几何关系。

2. 通过简单的例图,让孩子按规定拼摆,掌握一定的组拼技巧和拼图的基本规则。

3. 按图拼装汽车、船、人体等简单物体,记录在拼摆过程中的发现。引发学生对生活动态的联想。

4. 分类拼摆智力七巧板图形:字母、动物、建筑等,提高观察能力和想象能力。

(三)操作与分享

通过自主探索和实践练习法,完成任务:

1. 拼摆较为复杂的组合图形,并根据创作的一系列图形构思成一个故事。

2. 逆向思维,将物体进行图形分解。开始学会运用"逆向思维"解决各种难题,同时引发对"形状奥秘"的探究与思考。

3. 教师规定情境,让孩子根据给定的情境发挥想象、发现情境中的物体,并利用七巧板拼摆出相应的图形。

(四)实践与展示

结合实践练习法,通过小组探讨、交流总结,完成任务:

1. 小组讨论,确定一个主题情境,多给孩子机会发挥他们的智慧和想象力。

2. 小组合作,拼摆本小组情境里包含的物体内容,培养学生的动手合作交流能力。

3. 成果展示,通过投票的方式评选出最受欢迎的作品并进行展示。

本课程实施过程中要注意以下两点:一是注重学生的动手能力。"七巧世界"不同于其他学科,对学生动手操作能力要求较高。因此,学生的动手操作能力在教学中占重要地位。二是注重学生的创新能力。"七巧世界"重在要求学生用有限的七块板创新出无穷的图形,因此,仅靠模仿范例是不够的,范例在"七巧世界"的学习过程中只能起到抛砖引玉的作用,关键还是靠学生自己的创新。因此,创新能力的培养是学生学习的重中之重。

五、课程评价

评价不仅仅是看结果,更重要的是学生在学习过程中是否在自己原有的基础上有所提高。弱化评价的甄别功能,以鼓励为主,肯定学生的进步和发展,让评价起到反馈调节、展示激励、反思总结、积极导向的作用,更好地促进师生发展。课程评价贯穿于七巧板教学活动的全过程。

(一)积分制评价

鼓励认真好学的学生,以积分作为奖励,在课堂上积极发言、认真完成任务者可获得积分。每两个课时进行一次评选。

(二)展示性评价

荣誉台:由民主投票,每节课选 5 份人气最高的作品。

(三)"七巧世界创意之星"评选活动

在每个不同环节进行一次评选,通过民主投票,评选出"最受欢迎作品"、"最具特色作品"等,在评选比较过程中,发现和学习别人的优点和特色,反思自身的缺点与不足,共同受益,共同进步。

(课程设计:徐佳琪)

课程现场
2-7

巧 移 火 柴 棒

适合对象:二年级

一、课程背景

火柴棒到处可见,且用途极广,除了可作火种外,我们还可以用它来摆图形、算式,做出许多有趣的游戏。它不受场地和时间的限制,只要有几根火柴(或几根长短一样的细小木棍)就可以进行。

我们可以用火柴棒摆出 0—9 这 10 个阿拉伯数字,然后开始用火柴棒摆出一些数学算式。根据火柴棒组成数的特点,从火柴棒摆成的数字中拿走或添上火柴棒,变成另一个数,或改变一个运算符号,就可以使等式成立。此外,也可以用火柴摆各种图形,通过拿掉或是移动火柴,变成其他图形。

本课程理念是:小小火柴棒,充满大智慧。通过摆数字、摆算式的过程,可以发展个人的数感;通过操作活动,可以促使学生动口、动脑、动手,发展思维能力;通过移、摆活动,培养学生学习兴趣,提高综合运用的能力;同时还可以提高与他人合作交流的能力。移火柴棒寓知识、技巧于游戏之中,启迪智慧,开阔思路,丰富孩子们的课余生活,提高同学们学习数学的兴趣。

二、课程目标

(一)学会用火柴棒做变换算式、摆图形和变换图形等游戏。

(二)掌握巧移火柴棒的游戏规则。

(三)提高学生的动手能力,丰富学生的想象能力,培养学生的创造思维能力。

三、课程内容

本课程以"巧移火柴棒我最棒"为主题。主要包含三大内容:

(一)了解火柴棒游戏规则

各班利用午读的时间讲解巧移火柴棒游戏规则,通过用火柴棒摆出数字图形以及巧移火柴棒活动,培养学生的动手能力,丰富学生的想象力,激发学生的学习兴趣。

（二）介绍移火柴棒游戏的规则与方法

教师在课堂上介绍巧移火柴棒的常用方法，如用火柴棒摆图形、摆算式，通过移动、增加或减少火柴棒来变换算式或图形等，学生在刚学习时会可能会花费很多的时间，这时教师应该及时进行引导，让学生积极思考，选择合适的方法。

（三）展示与竞赛

通过对移火柴活动，充分激发孩子的想象力，采用小组合作形式让孩子在规定时间内拼摆图形，通过班级投票竞选的形式，评选出孩子们最喜欢的移火柴棒能手，小能手参加年级比赛。

四、课程实施

本课程以开展数学节的形式来实施。实施之前应提前做好相关准备：精心备课，准备多根磁性小棒、移火柴课件等。

本课程用时 10 课时。实施路径与方法如下：

（一）宣传发动，营造氛围

在厅展板上介绍"巧移火柴棒"的主要内容以及其构成，让学生感受到小火柴可以拼摆出数字、图形及很多美丽的图案，还可以通过移动、增加或减少火柴棒来变换算式或图形。在此基础上，二年级各班派发"巧移火柴棒"倡议书，营造数学节节日气氛，让学生对移火柴产生浓厚的学习兴趣。

（二）掌握巧移火柴棒游戏技巧

各班利用午读时间分时段介绍巧移火柴棒游戏规则，火柴棒活动有：用火柴棒摆数字摆图形；拿走、移动、增加火柴棒使等式成立；巧移火柴棒，变换图形等。

（三）开展巧移火柴棒活动

1. 各班在讲解完巧移火柴棒游戏规则后，以 4 人小组展开活动。

2. 各班活动以 4 人小组来进行，熟练掌握游戏技巧与方法。

（四）巧移火柴棒活动班级竞选、年级竞选

1. 各班在班级举行巧移火柴棒活动，在规定的午读时间内完成 5 道算式题目,通过移动、拿走或增加火柴使等式成立,然后在纸上写出移好后的正确算式。

2. 班级竞选出的前 5 名参加年级竞选,移火柴小能手要在规定时间内摆算式和完成图形变换,最后以积分形式评奖。

本课程实施过程中要注意以下问题:

一是本课程在实施过程中要注重移火柴棒的游戏性,充分发挥孩子们在游戏中的积极性和创造性,鼓励孩子积极参与巧移火柴棒活动,想出多种不同的拼移方法。

二是本课程在实施过程要遵循以教师为主导、学生为主体的原则。在活动过程中,既要有教师的主导作用,又要发挥学生的主动性。如有些学生在移火柴的过程时,会很盲目且无从下手,教师应及时引导学生找到合适的方法。

五、课程评价

移火柴是一个开放式的,不受时间、地点约束的学习方式。对它的评价不能像对待课内学习那样进行细微评价,而应采用因材施教的评价方式,从总体上对移火柴开展情况进行评价。评价应该关注学生的内在,做到以人为本,因此除了对知识、技能等可以量化的表现进行评价以外,更要评价学生的兴趣、态度、策略、合作精神等不易量化的品质。由于学科之间的差异性,评价还应具有弹性,根据学科实际和学生情况作出相应的改变。

本课程在评价方式上宜采取小组互评、竞赛评价相结合的方式,具体做法如下:

(一)纸笔测验评价和小组互评结合

根据小组互评的结果,小组互评占 30%,活动展示占 70%,评选出班级"巧移火柴棒我最棒"小能手。具体实施方法如下:

活动过程评价,课件出示 5 道题目,每道 10 分,总分 50 分,移动火柴棒使等式成立 2 道,图形变换题目 3 道。

小组互评,制定小组比赛登记表(见表 2-1),记录小组每次比赛的得分情况,根据小组比赛的得分情况和组员的推选进行评价。

表 2-1 班级小组比赛登记表

组名		姓名		
评价项目	具体内容	小组评价	自评	教师协调
情感态度	积极参与活动	( )颗星		
	主动提出活动设想、建议	( )颗星		
	不怕困难和辛苦	( )颗星		
	有胆量	( )颗星		
合作交流	主动和同学配合	( )颗星		
	乐于帮助同学	( )颗星		
	认真倾听同学的意见和观点	( )颗星		
	对小组工作做出贡献	( )颗星		
成果展示	将活动的结果以课件、投影的形式呈现。答对一题获得 1 颗星	( )颗星		
回头看看,我的感想:				
我一共获得( )颗星。				
(按小组评价的星星数计算;自评与小组评不符的,经教师协调处理后计算)				

(二)年级竞赛评价

班级评选出 5 位小能手参加年级竞赛,年级竞赛共 10 题,时间为 30 分钟。每答对一题分,最后算出班级总分,总分前三名的评为一、二、三等奖。

(课程设计:戴翠兰)

魔 法 方 阵

适合对象：二至三年级

一、课程背景

　　数独是一种以数字为表现形式的益智休闲游戏,起源于中国数千年前的河图、洛书,而数独一词源于日本,意思是"只出现一次的数字"。如今数独已经发展成为一种风靡全世界的益智游戏,拥有成千上万的爱好者。其玩法虽然简单,但数字排列方式却千变万化,是训练头脑的绝佳方式,深受学生喜爱。

　　数独与课堂教学相比更具趣味性和神秘感,能更有效地引发孩子对数学、数字的兴趣,学生乐于参与其中。通过发动、组织学生参与"数独"学习系列活动,努力开发学生的智力,锻炼多维的思维能力和逻辑推理能力,让学生借助趣味数学游戏领略数学美,同时,让他们在学习中积极探索,在探索中不断体验成功的乐趣。

　　本课程的理念是:方寸之地,纵横思维。数独简单易学,利于学生智力发展,在完成数独的过程中培养学生的分析、逻辑、推理、统观全局的能力是本课程的基础内容。坚持以学生为主,突出学生的主体地位,让学生多动、多思、多讲。鼓励学生进行体验性、探究性、合作性学习,努力使每个学生都经历克服困难、持之以恒获得成功的过程,引领学生在活动中感受、体验、感悟。用解数独的思想指导生活,充分发挥数独在素质教育中的作用。

二、课程目标

（一）认识数独，掌握数独的游戏规则和基本技巧。

（二）通过数独游戏，增强观察反应能力，提高数学分析、逻辑、推理和把握全局的能力。

（三）具有全局观念和克服困难、持之以恒的精神，懂得将解"数独"的思想应用于生活。

三、课程内容

本课程以"层层推进，创新创强"为主题，内容分为五部分：

（一）数独的认识

简单介绍数独，包括认识数独、数独的规则、数独的历史、介绍数独相关知识，引起学生兴趣。

（二）四宫格数独

1. 规则：满足每一行、每一列、每一个粗线宫内的数字均含 1—4，不重复。

2. 游戏：根据给出的条件和要求，两人小组合作探究完成，并进行相应的解说。

3. 方法总结：行唯一、列唯一、宫唯一。

（三）六宫格数独

1. 规则：满足每一行、每一列、每一个粗线宫内的数字均含 1—6，不重复。

2. 游戏：根据给出的条件和要求，两人小组合作探究完成，并进行相应的解说。

3. 方法总结：行唯一、列唯一、宫唯一。

（四）九宫格数独

1. 规则：满足每一行、每一列、每一个粗线宫内的数字均含 1—9，不重复。

2. 游戏：根据给出的条件和要求，四人小组合作探究完成并进行相应的解说。

3. 方法总结：行唯一、列唯一、宫唯一。

（五）数独大赛欣赏

1. 观看《最强大脑》潘梓祺和刘彻然盲填数独视频。

2. 挑战加深难度的数独练习题。

四、课程实施

本课程实施之前应该有所准备：精心备好课，组织健全数独兴趣小组，保证"数独"的设施用品如实物投影机、电脑、游戏软件等，准备多样化的练习题。本课程用时 14 课时。实施路径与方法如下：

（一）展示与欣赏

通过讲授理论法、图形展示法以及师生讨论、课中分享，完成任务：

1. 通过课内宣传让孩子认识数独课程，了解数独的结构和游戏规则，知道数独的发展历史。

2. 通过观看精彩的数独比赛，产生浓厚的学习兴趣和求知欲望，积极参与到课程中来。

3. 引导学生了解数独对人的生活及智力开发所起的积极作用。

（二）研讨与交流

通过教师讲解示范、学生模仿实践并交流反思总结，完成任务：

1. 让孩子从简单的四宫格数独训练开始进入学习状态，熟悉数独的游戏规则。

2. 通过简单的例图，让孩子按数独的游戏规则进行操作，掌握数独游戏的基本规则。

（三）操作与分享

通过自主探索和实践练习法，完成任务：

1. 独立完成较简单的数独游戏，并总结方法和技巧。

2. 通过小组交流，学习他人的方法和技巧。

（四）实践与展示

通过小组探讨、交流、总结并结合实践练习法，完成任务：

1. 小组合作完成较复杂的数独游戏，培养学生的动手合作以及交流能力。

2. 成果展示，通过完成的先后顺序评选出最佳合作小组并进行作品展示。

五、课程评价

（一）过程评价：是在教育过程中为调节和完善课程活动、引导教育过程正确且高效地进行而对学生学习结果和教育效果所采取的评价。目的在于引导学习活动的方向，强化学生的学习行为，及时发现问题并进行矫正。

评价分成三部分：出勤情况、学习态度、任务完成情况。

评价方式：

1. 出勤情况 14%（十四次，每次 1 分）

2. 学习态度 46%（包括听讲状态、上课表现）

3. 任务完成情况 40%（学习任务 40 分）

（二）总结性评：在相对完整的教育阶段结束后，对整个教育目标实现的结果做出的评价。目的在于考察学生群体和学生个体的发展水平，总体把握学生掌握知识、技能的程度和能力发展水平，为教师和学生确定课程起点提供依据。

1. 评价方式为：竞赛

2. 评价等级：按 A、B、C、D 四个等级呈现

3. "积极分子"评比

根据学生平时出勤、课前准备(学习用具,指定任务的完成等)情况,课堂的积极性以及思维的灵活度给出相应的评价,并推荐为期末学校社团积极分子。

(课程设计:朱秀云)

课程现场 2-9

神 奇 魔 方

适合对象:四年级上学期

一、课程背景

魔方是匈牙利建筑学教授和雕塑家厄尔诺·鲁比克于 1974 年发明的机械益智玩具。常见的魔方是三阶魔方,三阶魔方核心是一个轴,并由 26 个小正方体组成,包括中心方块 6 个,固定不动,只一面有颜色;边角方块 8 个,3 面有色,角块可转动;边缘方块 12 个,2 面有色,棱块亦可转动。小立方体的排列使大立方体的每一面都具有相同的颜色,当大立方体的某一面平动旋转时,其相邻的各面单一颜色便被破坏,而组成新图案立方体,再转再变化,使得每一面都由不同颜色的小方块拼成。玩法是将打乱的立方体通过转动尽快恢复成六面且成单一颜色。

魔方还原是一个集观测、动作、思维于一体的过程,有利于锻炼学生的手眼协调能力,培养学生的空间观念和专注力,提高学生的记忆力。

本课程的理念是:多彩魔方,转出智慧,转出自信。魔方的玩法很多,每一种玩法都富有挑战性,学生在玩魔方的过程中可以找到自信,体验快乐。

二、课程目标

（一）通过还原魔方，找到快乐、找到自信。

（二）锻炼动手动脑能力，激发自身的科学兴趣，提高创新意识。

（三）学会用科学的方法分析问题、解决问题，同时在愉悦的气氛中受到情感的熏陶。

三、课程内容

本课程主要通过网络查阅魔方相关视频和教学优秀案例资料的方式获取教学资源，面向四年级《神奇魔方》社团的学生开展教学，以"动手动脑，智趣双收"为主题，内容分为四大部分：

（一）了解魔方

教师讲述魔方的起源、魔方的分类和学习魔方的好处。

（二）学习复原三阶魔方

1. 认识三阶魔方，并通过拆装魔方了解魔方的构造与翻转原理，观看魔方有关视频，了解魔方的魅力，提高学生对魔方的兴趣。

2. 学习三阶魔方第一层（白色）"十"字架、复原第一层（白色）。

3. 学习复原三阶魔方（白色）第一层一面、白色一层。

4. 掌握第二层的还原方法。

5. 顶层"十"字架（倒置后的黄色顶层）、复原顶层一面（倒置后的黄色顶层）。

6. 复原顶层一层（全部复原）。

7. 照公式练习七步复原三阶魔方，并熟练手法。

（三）学习复原四阶魔方

认识四阶魔方，并通过拆装魔方了解魔方的构造与翻转原理。观看魔方有关视频，了解魔方的魅力，提高学生对魔方的兴趣。

1. 将六个面的中间块拼好。

2. 将每条棱的中间 2 块并为同一颜色。

3. 将四阶魔方当作三阶魔方进行还原。

4. 看魔方有关视频,师生共同探究。

5. 照公式练习复原四阶魔方,并练习手法。

（四）搭建平台,成果展示：

1. 三阶、四阶小组接力赛。

2. 三阶、四阶个人限时赛。

3. 学生介绍复原魔方的好方法。

4. 三阶魔方、四阶魔方大赛,让学生体验成功的快乐。

四、课程实施

本课程实施之前应该有所准备：精心备课,准备三阶、四阶魔方视频及三阶四阶魔方。本课程用时 14 课时。实施方法如下：

（一）展示与欣赏

通过讲授理论法、视频展示法以及师生讨论、课中分享,完成任务：

1. 通过校内宣传让孩子认识魔方课程,了解魔方的结构和操作方法,知道魔方的发展历史。

2. 通过展示精彩的魔方视频,让学生产生浓厚的学习兴趣,积极参与到课程中来。

3. 引导学生了解魔方对世界儿童的娱乐、教育及智力开发所起的积极作用。

（二）研讨与交流

通过教师讲解示范、学生模仿实践并交流反思总结,完成任务：

1. 让孩子从观看魔方视频开始进入学习状态,熟悉各魔方面之间的关系。

2. 通过视频和老师的讲解,让孩子按规定还原魔方,掌握还原魔方规则以及一定的还原技巧和手法。

3. 按时间还原规定的面,记录还原过程中的发现。引发学生探讨提高还原速度的好方法。

（三）操作与分享

1. 还原较为复杂的魔方，并解说方法。

2. 用不同方法还原魔方，并比较出较好的还原方法，进行分享的探究与思考。

3. 教师规定情境，让孩子根据给定的情境发挥想象、发现情境中的物体，并利用总结出的方法进行实际操作体验。

（四）实践与展示

结合实践练习法，通过小组探讨、交流总结，完成任务：

1. 小组讨论，上台表演三、四阶指定环节复原，看谁的手法最好，多给孩子机会发挥他们的智慧和动手操作能力。

2. 小组合作来完成还原魔方任务，培养学生的动手合作交流能力。

3. 成果展示，通过上台表演等形式来增强学生的自豪感与成就感。

在本课程实施过程中要注意以下两点：

一是教师讲授和学生自学相结合来实施教学活动。考虑到学生对趣味数学的话题比较感兴趣，有热情，所以教学时由老师简单引导，采用集体讲授、独自练习、分组活动、合作学习、实际操作等方法对魔方进一步深入了解和认识，感受魔方的魅力。

二是科学性与趣味性相结合。在教学活动实施过程中，要针对学生年龄及心理特点，以形象、具体、生动、活泼的形式开展活动，努力设计富有趣味性的教学方式，让学生学有所得、学有所乐，使他们在愉快的氛围中增长知识与才干。

五、课程评价

课程评价注重对活动过程的评价，评价不仅要注重结果，更重要的是学生是否在自己原有的基础上有所提高。要充分体现魔方的多样化、个性化、创造性等基本特征。弱化评价的甄别功能，以鼓励为主，肯定学生的进步和发展，起到反馈调节、展示激励、反思总结、积导向上的作用，更好地促进师生发展。具体评价方法如下：

（一）积分制评价

以小组为单位评分，每一个课时进行一次评分，完成当节课任务的学生为小组加 2 分，每节课的分数累加，期末评奖。

（二）展示性评价

荣誉台：民主投票，每两节课选 4—6 名魔方能手，以学得快、能教学生为评选标准，评上的学生能为小组加 5 分。

（三）"魔方极速之星"评选活动

在不同环节进行评选，通过测时和民主投票，评选出"速度快"、"手法好"的学生，每次评选出来学生立刻发奖状，提高学生的积极性。

（课程设计：魏丽芳）

I：第三章
艺术与审美课程

好的教育应该是一种发现美的教育，它能启迪智慧，提高修养，陶冶情操；好的教育更应该是一种打动心灵的教育，它能开阔视野，充实生活，丰富人生。学校课程应关注人格的健全发展，充分利用学生的生活经验和社会文化资源，鼓励学生进行体验性、探究性和创造性的学习，为学生提供生动有趣、丰富多彩的课程资源，拓展艺术视野，陶冶审美情趣，提高整体素质，使得学习成为有趣的体验，让每一个学生都能感受成功。

生活中处处都有美

需要你

有一双善于发现的眼睛

让我们一同走进

艺术与审美

淡淡微笑中

感受艺术追寻美

让艺术之花处处绽放

　　康德说："艺术是神圣的,它比科学更高深、更深刻。"如果说科学技术不断推动人类社会向前发展,那么艺术则是一股神秘的力量,在精神层面推动着人类的进步。艺术很多时候并不能为人生创造直接的价值,但是它却能提高人的修养,陶冶人的情操,开阔人的眼界,充实人的生活。因此,有人说,在小学阶段艺术教育应该成为主旋律。

　　"艺术与审美"课程作为一个独具魅力的课程领域,是以培养学生艺术与审美素养为宗旨的校本拓展课程,旨在提升学生的艺术鉴赏力,培养学生的审美品质,激发独立、富有想象力的创造性活动,使学生的身心健全发展。

　　不可否认,艺术教育作为美育的一个重要组成部分,在素质教育中,对促进学生全面发展具有不可替代的作用。它不仅能提高学生的审美素质,而且对于提高学生的思想道德素质、科学文化素质、身心健康素质和劳动技能素质都具有深远的意义。

　　"艺术与审美"课程内容丰富,形式多样,主要分为两大板块:多彩艺术节课程和精品艺术社团课程。每一类课程又包含多个子课程,针对不同年段孩子的心理、生理特点，层层递进，分年段开设不同形式的内容。为学生提供生动有趣、丰富多彩的学习内容，拓展艺术视野，提高艺术素质，使每个学生都获得成功的喜悦，帮助他们形成正确的世界观和人生观。

"多彩艺术节"课程涵盖了声乐、舞蹈、器乐、语言艺术、书法、绘画、泥塑等形式多样的艺术活动和比赛，使学生尽情、自由地参与其中，体验艺术学习的快乐与满足，获得身体、心灵的和谐发展，同时营造出校园浓墨重彩、百花齐放的艺术氛围。

"精品艺术社团"课程包含了语言艺术类、书法绘画类、声乐器乐类、舞蹈表演类和手工制作类课程。课程安排由浅入深、层层递进。在初级阶段，教师重视激发学生的学习兴趣，帮助他们形成美感；在具备了一定基础之后，教师会逐步培养他们的艺术鉴赏力，鼓励他们大胆创作，为学生提供发挥其艺术潜能的机会，赋予他们表达自我和发挥想象的空间，全面构建学生的审美素质和精神世界。

"艺术与审美"课程的实施，主要通过培养学生的动手能力，让每个孩子在丰富多彩的实践活动中发掘、展示自己的才能，健康快乐地成长。在实施中，该课程倡导老师们以灵活多样的教学方式引导学生多欣赏、多感受、多体验、多思考、多创造，在艺术的引领下拓展学生的视野，体验努力之后获得成功的喜悦，从而提高审美品质，培养学生的创造力。

每年五月举办的"校园艺术节"活动是我们组织、实施"多彩艺术节"课程的主阵地。学生、老师、家长齐上阵，从节目报名、参加海选、不断改进到最后的崭露头角，每一项活动都是历练、提升，孩子们的汗水和付出最终会绽放出娇艳的花朵。

平时的专项队训练和社团活动是我们开展"精品艺术社团"课程的主要途径，水墨欢歌、童筝畅想、舞出精彩、歌声与微笑等社团课程，经过几年的实施与调整，形成了规范、系统、富有二小特色的课程体系。课程实施效果显著，合唱、舞蹈、古筝、民乐、语言艺术等社团多次在市、区级的艺术比赛中披金斩银，绽放光芒。

著名的教育家陶行知老先生说过，"真教育是心心相印的活动，唯独从心里发出来，才能打动心灵的深处"。让我们一同走进"艺术与审美"课程，用艺术的眼光感知生活之美，用艺术的方式打动心灵让艺术之花处处绽放！

（撰稿　李　薇）

彩泥俱乐部擂台赛

适合对象：三至四年级

一、课程背景

泥塑是中国民间历史最悠久、流传最广泛的一种手工艺术形式，它表现了人民群众的喜怒哀乐，表现了他们的生产生活，具有强烈的地域特征和乡土气息，同时也是广州的一大民间特色艺术。

玩泥是孩子的天性，而彩泥又是一种独特的游戏，在制作中左右手同时操作，可以调节思维，平衡左右脑智力开发。基于以上特点，特将本课程融入美术课堂教学中，以民间泥塑为起点，挖掘各种民间泥塑的特点，希望在泥塑活动中使学生对民间艺术特色有更加深刻的了解和认识，并通过泥塑活动来培养学生的动手动脑能力和创造能力，从而加深对民间特色艺术的热爱。

本课程的理念是：我的彩泥，我做主。彩泥安全卫生、色彩鲜艳，经过孩子们的巧手，变幻出各种形状，更加符合孩子的天性，也使他们的好奇心得到满足。针对中年级孩子年龄小，想象力丰富，思维活跃，活泼好动爱创造的特点，我们开设了"彩泥俱乐部擂台赛"这门社团课程。

二、课程目标

（一）了解揉、捏、剪、挑、压、粘、贴等方法，学会彩泥制作的技巧，从而提高动手动脑能力和对色彩和结构的感觉。

（二）在与同伴合作创作的过程中，体验合作、分享和发现的乐趣，逐步提高合作能力和团队意识。

（三）懂得学以致用，能用所学的知识塑造出各种动物、人物形象或者祖国自然风光、家乡传统文化、风俗节日等。

三、课程内容

本课程以"童趣彩泥，我行我塑"为主题，内容分为三部分：

（一）开启快乐的彩泥之旅

初步认识彩泥特性、工具和使用的方法，加上简单的揉，捏，搓，撕，压泥板的手法学习，学会一套简单的彩泥手指瑜伽。

（二）学习简单的技法大招

学习入门级的手头功夫，学会举一反三。

1. 泥板成形的方法（实践：制作有个性的汉堡乌龟）

2. 彩泥叠加，缠绕的方法（实践：制作点线面的笔筒）

（三）专题DIY的头脑风暴

1. 校园一角：以校园教学楼、校道、操场、绿化带、功能室等"校园十景"为制作对象，运用彩泥将观察的对象真实还原，表现出其空间感、立体感、疏密感。

2. 有趣的表情：以同学、老师、校工、保安等校园人物为制作对象，用不同的技法、色彩将对象的特征生动再现，构造出生动和谐的画面。

（四）学生创意思维大比拼

无内容限制，根据自己的想法创作出最具个性的彩泥作品，并结合作品进行精彩的解说。

四、课程实施

这个阶段的学生想象力非常丰富，并且相对能够准确地将自己想象、设计的东西表达出来。教学过程中制作难度加大，并且更注重激发学生的创作热情，让学生多观察事物的结构，提升他们的观察能力、空间思维能力、创作思维能力,这一阶段彩泥的学习共分为 1 个单元,5 个课时。

学习彩泥的基本方法:

(一)讲解教学法(一边讲解,一边模仿制作)

(二)示范引领法(现场展示泥板成形的方法,重点展示揉,捏,搓,撕,压的动作要领)

(三)发现教学法(在制作过程中有问题及时提出,当堂进行解答)

(四)创设情境的方法(根据主题,头脑风暴、创意思维大比拼)

(五)项目教学法(记录自己的创作过程,分享经验)

五、课程评价

(一)评价原则

校本课程的教学评价以《校本课程标准》为依据,既关注学习结果,又关注学生在学习过程中的变化和发展;既关注学生学习水平,又关注他们学习活动中表现出来的情感态度。通过评价保护学生的自尊心和自信心。校本课程的教学评价要突出以下几个方面:

1. 发挥评价对学生的激励作用,有助于促进学生发展。

2. 评价方式的多元化。

3. 过程性评价和终结性评价相结合。

(二)评价方式

1. 积分制评价(过程性评价)——"俱乐部积极分子"

设优秀、良好、合格、不合格四个等级。鼓励认真好学的学生,以积分作为奖励,在课堂上积极发言、认真完成任务者可获得积分。每两个课时进行一次评选。

2. 激励性评价——"一对一结盟"

鼓励小师傅和小徒弟合作完成创作,并鼓励小徒弟进行总结,小师傅进行补充,全班同学进行评价,挑选出"最佳搭档"。从而鼓励小部分不积极的孩子主动参与其中,达到关注中下生的教学要求。

3. 展示性评价（总结性评价）——"奥斯卡最佳创作之星"评选

　　对每个主题进行一次评选，通过民主拍手掌评选出"最受欢迎作品"、"最具个性作品"等，在评选比较过程中，创作者可以发表创作感想，解说作品的独特之处，并进行拉票，学生发现和学习别人的优点和特色，反思自身的缺点与不足，共同受益，共同进步。

（课程设计：黄嘉雯）

课程现场
3－2

笔 墨 书 韵

适合对象：三年级

一、课程背景

　　政策背景——根据《教育部关于中小学开展书法教育的意见》精神及要求：中小学校主要通过有关课程及活动开展书法教育。在义务教育阶段语文课程中，要按照课程标准要求开展书法教育，其中三至六年级的语文课程中，每周安排一课时的书法课。在义务教育阶段美术、艺术等课程中，要结合学科特点开展形式多样的书法教育。普通高中在语文等相应课程中设置与书法有关的选修课程。中小学校还可在综合实践活动、地方课程、校本课程中开展书法教育。

　　本课程是根据学生年龄特点开展的一门小学阶段书法课程。它以欧阳询《九成宫醴泉铭》为临摹和讲解的范本。通过对欧体系统的点画间架结构的学习，培养学生的毛笔书写兴趣和良好的写字习惯，同时也会在课堂上以故事、动画的形式有机地融入书法理论知识。通过学习毛笔书法，培养小学生的观察能力，促进学生细致、专注的品格的养成，培养良好的审美情趣。

课程理念是：传承书法文化,培育微笑之人。即围绕学校微笑教育理念,培养综合素质强、传统文化艺术素养高的学生。

二、课程目标

（一）了解中华民族悠久的汉字历史和灿烂的汉字书写文化,增强民族文化自尊心和自信心,懂得珍惜民族文化的重要性,培养爱国情感;

（二）了解传统文房工具（毛笔、墨汁、砚台、宣纸、印章、碟子、毛毡）、现代文房用具;丰富多样的中国书体字体,合理的章法布局;

（三）体验用毛笔书写的兴趣,不同字体的造型特征,掌握毛笔书写的基本技巧和特点。

三、课程内容

本课程侧重欧体笔画介绍,结合书法理论知识和书法人文故事,内容由浅入深,分上下学期为八个单元共32课时:

上学期:

第一单元课时1—4:

课堂内容：1.《横》认识工具,横的书写

2.《垂露竖》垂露竖的书写

3.《悬针竖》悬针竖的书写

4.《点》点的书写

第二单元课时5—8:

课堂内容：1.《短撇》短撇的书写

2.《长撇》长撇的书写

3.《捺》捺的书写

4.《反捺》反捺的书写

第三单元课时9—12:

课堂内容：1.《横折》横折的书写

2.《竖折》竖折的书写

3.《横撇》横撇的书写

4.《撇折》撇折的书写

第四单元课时 13—16：

课堂内容：1.《竖钩》竖钩的书写

2.《弯钩》弯钩的书写

3.《横钩》横钩的书写

4. 集字练习

下学期：

第一单元课时 1—4：

课堂内容：1.《斜钩》斜钩的书写

2.《卧钩》卧钩的书写

3.《竖弯钩》竖弯钩的书写

4.《横折钩》横折钩的书写

第二单元课时 5—8：

课堂内容：1.《提》提的书写

2.《竖提》竖提的书写

3.《撇点》撇点的书写

4. 集字练习

第三单元课时 9—12：

课堂内容：1.《笔画组合——两横并排》

2.《两竖并列》

3.《横竖组合》

4.《撇捺组合》

第四单元课时 13—16：

课堂内容：1.《左右相对点》

2.《左撇右点》

3.《四点分散》

4. 集字练习

四、课程实施

　　毛笔书法学习是一个通过不断临摹掌握字体造型（字形），掌握用笔技巧的一种较为单调和枯燥的学习。本课使用的教学方法和手段大致有以下几种：

　　（一）视频学习法

　　这是利用现代的教学手段，让学生在教育中掌握知识的最佳方法。正确的书写与错误的行为相互对照，给学生以真实的感觉，加深印象，规范行动。

　　（二）示范法

　　通过教师示范讲解和具体个体辅导让学生亲身体会具体的笔法。

　　（三）查询资料法

　　学生查询一些资料，课上和同学交流的过程，就是理解和掌握知识的过程。

　　本课程学具：1. 毛笔大楷　2. 墨汁　3. 米字格毛边纸　4.《书法练习指导》上下册

　　教具：准备好教学资源资料，根据教学内容需求进行课堂教学安排。上学期课程共四单元16课时，具体实施方法分别由理论知识学习和书写实践组成。

　　● 第一阶段：理论学习

　　朗读背诵笔画歌，了解笔画特征

　　● 第二阶段：书写实践

　　1. 观看书写视频，感受书写技巧

　　2. 体验毛笔书写，积累书写技巧

　　3. 观看视频，拓展书法知识

　　● 第三阶段：展示评价

　　自评、互评、师评结合，感受学习过程、积累笔画字形写法经验

- 第四阶段：集字练习
1. 体验书法作品基本章法布局
2. 现场书写完整作品
- 第五阶段：作品展示

归纳整理自己的作品、择优展示

下学期课程共四单元 16 课时，具体实施方法分别由理论知识学习和书写实践组成，与上学期相比，增加了集字练习的次数。

五、课程评价

评价不仅要看结果，更重要的是学生是否在自己原有的基础上有所提高。要充分体现汉字毛笔书写的姿势、用笔、章法等基本特征。弱化评价的甄别功能，以鼓励为主，肯定学生的进步和发展，起到反馈调节、展示激励、反思总结、积极导向的作用，更好地促进师生发展。课程评价贯穿于书法学习活动的全过程。

（一）积分制评价

最佳课堂之星：鼓励认真好学的学生，以积分作为奖励，在课堂上积极发言、认真完成任务者可获得积分。每个课时进行一次评选。

（二）展示性评价

最佳课堂作品：由教师提名，学生民主投票，每节课选 3 份人气最高的作品。

（三）"书法之星"评选活动

在每个单元结束阶段进行一次评选，通过单元作品展示、教师提名、民主投票，评选出"最受欢迎作品"、"最具特色作品"、"最佳笔画作品"、"最佳结体作品"等，在评选比较过程中，发现和学习别人的优点和特色，反思自身的缺点与不足，共同受益，共同进步。

在学期末统计获得称号次数选出五名"书法之星"，并展示全体同学作品，在展示中积累自信心，感受学习的乐趣。

（课程设计：刘明恩）

歌声与微笑

适合对象：三至五年级

一、课程背景

合唱是一种群体性、多声部的声乐表演艺术形式。其音域宽，音色丰富，和声性强，气势宏大，具有多层次、立体性的声响效果。以人声抒发感情、以人声表现音乐，极富震撼力和感染力。合唱艺术能够启迪心智。对于学生来说，尤其能培养其集体主义观念，提升其合作意识。

为了丰富学生的课余生活，陶冶学生的情操，展示音乐教学的魅力，本校特在每周第二课堂时间，成立"歌声与微笑"合唱社团。通过长期的合唱训练活动，净化学生的心灵，让学生通过歌唱去体验真、善、美。

本课程的理念是：享受生活美好，聆听你我歌唱。本课程主要讲授合唱的基本理论知识、合唱的发声方法，让学生在合唱训练中感受合唱的魅力，聆听不同声部交错时的和谐，感受音乐的美妙，享受生活的美好，提高学生的综合素质。

二、课程目标

（一）掌握歌唱中正确的呼吸方法和正确的发声方法。

（二）感受合唱的魅力，体验合唱团中个人和集体的关系，养成团队协调能力和团队精神，促进综合素质的提高。

三、课程内容

本课程的主题是"请把我的歌带回你的家,请把你的微笑留下"。主要内容为练习合唱并表演。以学习的兴趣为主线,精选一些有效的练声曲目和动听的合唱曲目,内容由浅入深,分上下学期共 28 课时:

（一）气息训练

"歌唱是呼吸的艺术",优美动听的声音离不开气息的支持。在整个声乐功能系列中,歌唱呼吸是最重要的一环,是整个歌唱建筑的基础,因此必须明确呼吸的重要性,重视练好歌唱呼吸的基本功。

吸气的时候要气沉丹田,感觉到腹部有胀满的感觉,然后再尽量以最慢的速度呼出来,尽量让呼气保持更长,达到背后有人用手按在腰的两侧的时候会发现腰部变粗了的效果,这样反复练气息,气息会变得又稳又长。我常用"闻花香"的方法来启蒙学生运用气息,气息在呼和吸相互配合间形成对抗,在腰部周围产生压力,这个对抗就是唱歌所需要的"气息的支持"。

（二）歌唱技巧训练

打开喉咙,稳定喉头,是歌唱基本功训练的核心,是声乐技巧能否顺利发展的关键。很多同学声音上的毛病,多是由于歌唱时喉头不打开、不稳定造成的,正确的喉头位置是协调呼吸器官的运动,获得稳定、流畅声音效果的关键。这个环节我一般让学生找叹气或者打哈欠的感觉,让他们带着这种自然、放松、正确的状态演唱练声曲目。

（三）单声部训练

合唱教学应遵循循序渐进的原则,这样做能减轻学生畏难情绪,增强学习兴趣。简单的歌曲进度可稍快些,难度则宜慢些,但不管难易,都不能急于求成。那种在单声部旋律没有唱熟之前,就急着进入合唱的教学会导致反复炒冷饭的结局,会使学生不但两个声部和谐不起来,甚至连单声部都不能唱完整,那样就完全丧失了合唱教学的意义。先把合唱的每个声部练好,是声部混合训练的前提和基础。

（四）声部混合训练

声部混合训练是合唱训练中最难也是最重要的环节，将不同声部混在一起进行合唱训练，解决各声部的磨合，让合唱的声音更加和谐、美妙。

四、课程实施

本课程实施之前的准备：精心备课，选取优秀合唱团的视频供鉴赏，选取适合儿童的简单有趣的合唱曲进行练习，选择具有表现力的歌曲为演出和比赛做准备。

本课程共 28 个课时，其中上学期四个阶段共 14 课时，下学期四个阶段共 14 课时。实施方法如下：

（一）观摩与鉴赏

观摩优秀合唱团的名曲作品，提高学生的审美情趣。通过观摩能够产生情感波动，让学生畅谈感受，学会鉴赏，激发兴趣。

（二）感受、模仿与练习

感受歌唱时的气息、发声方法，模仿教师的气息、方法、音色等，渐渐摸索出正确的发声方法。通过不断练习巩固，为排练合唱曲目打下扎实基础。

（三）自主与合作

选好合唱曲目后，首先各个声部分开自主练习、熟悉本声部的旋律，然后再让各个声部一起排练，让学生们由浅入深地由演唱单一声部到几个声部一起的合唱。各声部不断纠正、不断磨合，让学生明白团结合作的重要性。最后呈现的表演能让学生产生自豪感。

（四）排练与展示

全体合唱队学生共同编排一首作品，在学期末展示。在排练的过程中，教师点化指导，师生共同努力。

五、课程评价

评价不仅要看结果,更要关注学生是否在自己原有的基础上有所提高。本课程在评价方式上,采取过程性评价和终结性评价相结合的方式进行,肯定学生的进步和发展,起到反馈调节、展示激励、反思总结、积极导向的作用。

"优秀成员奖":鼓励认真好学的学生,以积分作为奖励,注重学生每一节课堂的学习过程。在课堂上认真听讲、积极发言、课后主动完成任务者可获得积分。每学期末,根据评比结果,对表现优秀的社团成员给予"合唱优秀社团成员"奖励。

"最佳进步奖":根据每位同学自身不同的情况,在每学期末时对本学期进步大的学生颁发"最佳进步奖"。

"最具风采奖":学期末社团展示活动中,以现场评价的评价方式,为表现欲望强、台风好的同学颁发"最具风采奖"。

"舞台之星奖":学期末社团展示活动中,以现场评价的评价方式,为表现优异的同学颁发"舞台之星奖"。

(课程设计:刘 敏)

乐 乐 当 家

适合对象：一至六年级

一、课程概述

"微笑教育"理念的引领下，我校的很多孩子都学习艺术类的特长，如器乐、舞蹈、声乐、语言艺术等。从一年级到六年级的学生学习时间不同，程度也不一样，并不是每个节目都很优秀，都能登上学校活动或者比赛的舞台。

此课程重在提供一个让孩子展示自我的舞台，舞台"平民"化，只要是在学并且有意愿到舞台上展示的同学，我们"乐乐当家"都会给予他们展示的舞台。在老师的协助组织下，学生们学习才艺的时间长短，程度的深浅不限，只要想展示都可以上台，重在让孩子自己参与。学生们自愿报名、自主学习、自主编排节目、自主张罗，做自己的主人。孩子参与其中，就会为了提高演出质量而积极准备，学生们更具有自主性和参与意识，学艺时也会更加主动积极。比赛就有竞争，通过展示、评奖，培养竞争意识，找到差距不足，促进学习。塑造勇敢的个性，克服恐惧心理，解放天性，培养孩子们的心理素质，让孩子站在众人面前，勇敢自信地面对不同的眼神、表情，逐渐战胜内心的恐惧，让孩子的天性在众目睽睽之下得到解放，培养孩子敢于面对公众、坦然镇静的成熟心态！通过学校的大舞台让孩子学习的才艺得到展示，让孩子得到肯定，培养自信，分享荣誉，让孩子有一定的成就感，成就感的产生，就是自信心产生的开始！

"乐乐当家，自主绽放"是本课程的理念。学校提供展示的舞台，老师协助组织，孩子们自愿报名、自主编排、自己做主，绽放才艺。多次参与活动的孩子，明显与不常参与的孩子不同，舞台上自信的眼神、镇静的内心、坦然的表情,都是多次锻炼出的结果,这也是我们微笑教育的成果。

二、课程目标

(一)体验和感受自主安排的演出而取得的成就感,发现自己优秀的一面。

(二)敢于自主排练,自主演出,大胆展示。

(三)提高孩子们的演奏技能、气质、心理素质等艺术综合素养。

三、课程内容

本课程以让"孩子爱上台"为教学主题,内容分为三个模块:

(一)展示内容包括语言艺术、器乐、舞蹈、声乐等。孩子自主学习后报名,教师进行一定的筛选。

(二)孩子们自主排练,教师协助指导,提高节目质量,挖掘孩子的才能,提高孩子们对自己节目的自信心。

(三)教师负责活动的组织、协调,学生们自我展示。

四、课程实施

本课程实施之前应该有所准备:精心备课,精心排练,每一次舞台策划。

本课程用时 14 课时。实施路径与方法如下:

(一)报名与筛选

展示前提早 2 周鼓励学生自愿报名:器乐、舞蹈、语言艺术、唱歌表演等,有特长想展示的同学都可以自主报名,每个节目都需要经过本班、本年级或者本校音乐老师筛选。各年级演出时安排全年级学生观摩,提高学生的审美能力,通过观摩产生情感波动,让学生畅谈感受,学会鉴赏,激发兴趣。

（二）编排与挖掘

节目确定后,在2周内各位音乐老师、班主任、级长协助辅导节目并组织演出,学生们自主排练为主,音乐教师、家长、班主任配合排练节目,抓好节目质量。级长配合音乐教师组织节目演出。教师在排练过程中挖掘孩子的特长,音乐老师配合提供学习建议,给孩子学习特长提供指导性建议并跟踪学习情况,发扬个性。

（三）自主与合作

主要内容为分小组开展自主选练习曲、伴奏,自主合作的活动,让学生们通过自选、合作展示表演。通过小组内合作交流,让学生明白团结合作的重要性。最后呈现的演奏表演能让学生产生自豪感。

（四）组织与展示

以年级为单位,每个学期各年级轮流展示,每2周安排一个年级的节目演出。学生自主排练后,家长、老师进行有效的帮助和辅导,出成品节目上台展示给全年级甚至是全校学生观看。

五、课程评价

通过各年级团队的积分和展示中的民主投票来对展示节目进行评价。

（一）积分制评价

参加课程的每个节目以每个年级团队为主,团队积分有加分项和减分项。加分项又分为常规加分项和特殊加分项:

1. 常规加分项的内容包括:课堂纪律表现好者加2分;有团结合作行为者加2分;按时完成每节课任务者加3分。

2. 特殊加分项包括:作品表现有创意加10分。减分项:如不按要求完成课堂任务;不遵守纪律;不注意卫生;不服从安排等,都会扣掉相应的分数。

学期末根据评比结果,会对表现优秀的团队小组给予奖励。

（二）展示性评价

每 2 周通过"乐乐当家"以个人或小组的形式进行作品展示以及评比。在展示活动中，采用现场评价和民主投票相结合的评价方式。教师根据演出的质量给予现场评价：

1. 内容的表达与题材：2 分；作品的完整性：2 分；作品的准确性：2 分；着装：1 分；综合表现力：3 分。并根据作品存在的问题给出建议与指导。

2. 学生进行现场投票打分：观众的喜爱程度：4 分；题材是否符合小学生积极向上的精神风貌：2 分；展示作品的完整性观赏性：2 分；演员的表现力：2 分。

根据以上评分标准综合评选出一、二、三等奖的节目，评选出优秀年级团队。

（课程设计：王　唱）

课程现场
3－5

能 说 会 道

适合对象：二至三年级

一、课程背景

语言是人类沟通心灵的交流形式，语言艺术，是人类情感的抒发模式，是人类释放悲喜的表达方式。语言是一门艺术，如何得心应手地运用语言这门深奥的哲学，值得我们好好研究。

语言运用包罗万象，如阿谀奉承、信口开河、危言耸听、娓娓动听、挑拨离间、哗众取宠、语惊四座、言不由衷、能言善辩……语言艺术褒贬皆纳：良言、谗言、忠言、流言、美言、诽言、隐言、明言……于是乎，有很多人运用语言艺术完成着自己的追求。在辩论场上，他们运用语言艺术天马行空、所向披靡；在职场上，他们运用语言艺术无坚不摧、心想事成。在舞台上，他们尽情挥洒、自信豪迈！

本课程的理念是：能说会道，大智小勇。说话很简单，嘴巴一张一合配合好舌头的律动就好了，但要把话说好，就大有学问。能够在恰当的时机对恰当的人说出恰当的话，是一种智慧的体现。

二、课程目标

（一）初步了解语言艺术与其他儿童艺术形式的区别，知道儿童表演艺术的特征，对语言的表达产生兴趣。

（二）初步掌握专业演说的技巧及演讲口才，在公共场合中的观察能力和语言交流能力，逐步建立自信心。

（三）经历表演过程，克服紧张情绪，达到体态优美、举止优雅的基本要求，增强表演意识和自信心。

三、课程内容

本课程以学生兴趣为主线，内容由浅入深，分为以下四点：

（一）绕口令

绕口令的最大特点是"拗口"，它可以锻炼人"舌""唇""齿"的相互配合，被形象地称为"口腔体操"，练习绕口令最好从儿童时期开始，尤其是方言地区。

（二）朗读艺术

朗诵是口语交际的重要形式。朗诵不仅可以提高阅读能力以及艺术鉴赏能力，更为重要的是，通过朗诵，一方面可以陶冶性情，开阔胸怀，文明言行，增强理解；另一方面可以有效地培养对语言词汇细致入微的体味能力，以及口语表述最佳形式的自我鉴别能力。因此，要想成为口语表述与交际的高手,就不能漠视朗诵。

（三）主持艺术

1. "声音美"的基本标准。

主持表达要正确清晰,所谓正确,是指发音正确。一方面,不可读别字,另一方面,不能用"直译"方式将方言变成蹩脚的普通话。播音朗读与口语表达是不完全相同的话语形式,我们必须注意它们的联系与区别,并将其正确地用到口头语言中来。主持时要做到发音清楚,无口误,细心,应变能力强。

2. 主持人的瞬间协调与搭配

协调,是指主持人把握整体节目使之节奏调和、和谐;配合,是指主持人与相关工作人员分工合作,共同完成好节目任务,既要绿叶衬红花,也要红花适绿叶。台上台下都需要主持人的协调与配合,台上台下瞬间的变化,都直接影响着节目的质量、效果、节奏等,左右着整台节目的好坏。

（四）演讲艺术

1. 演讲时的姿势；

2. 演讲时的视线；

3. 演讲时的脸部表情；

4. 有关服饰和发型；

5. 声音和腔调；

6. 与观众互动。

四、课程实施

上下学期为八阶段28课时：

（一）第一阶段：基础训练

1. 绕口令：为了帮助大家训练口齿灵活；

2. 发音准确、吐字流畅；

3. 颗粒饱满、圆润集中；

4. 字正腔圆、表达流利。

（二）第二阶段：技能提升

1. 出字——要求声母的发音部位准确、弹发有力。

2. 立字——要求韵腹拉开立起，做到"开口音稍闭，闭口音稍开"。

3. 归音——干净利落，不可拖泥带水。尤其是等做韵尾时，要注意口型的变化。

（三）第三阶段：能力提升

1. 具备模仿力、想象力、自主创造能力等。

2. 通过表演了解如何表达人物情感，从而锻炼沟通、表达能力。

（四）第四阶段：能力展示

1. 自信、活力地展示，敢于表现自己；

2. 能说会讲，敢说、喜欢说、会说，做到大方开朗、语言流畅、有效表达，增强合作交流的能力。

在本课程实施过程中要注意以下两点：

一是学生实践体验与教师点拨指导结合。教学活动中，教师的主要任务是给予指导和帮助。教师的作用贯穿于整个活动过程，即学生实践前的示范，实践过程中的点拨与启发，实践后的拓展与延伸。学生在活动中应得到较大的自主权，最大限度地发挥自己的主观能动性。

二是科学性与趣味性相结合。在教学活动实施过程中，要针对学生年龄及心理特点，以形象、具体、生动、活泼的形式开展活动，努力设计富有趣味性的教学方式，让学生学有所得、学有所乐，使他们在愉快的氛围中增长知识与才干。

五、课程评价

在评价思想上，注重评价以学生为主体；注重过程性评价；坚持激励性评价；关注个性特色评价。对本课程的评价主要从以下三方面进行：

（一）学习过程中的表达交流。包括收集与整理课前资料、大胆表明自己观点、自信展现自己等。

（二）课程活动中的参与效果。包括按照学习任务单中的要求进行赏析、练习等。

（三）团队活动中的合作分享。包括在团队活动中积极参与，在讨论中能虚心听取他人的意见，能服从分工，并能主动地帮助他人。

评价方式有朗读比赛、"最佳主持人"评选活动、主题演讲比赛，根据表现评出一二三等奖。

本课程在评价方式上，要求做到形成性评价与终结性评价相结合，自评、家长评、师评相结合。

（课程设计：李　韵）

课程现场 3-6

美少女进行时

适合对象：三年级

一、课程背景

形体与礼仪，其基础是"形"。本课程首先从"形"的感觉，即体态感觉开始，找到"提"、"收"、"松"、"挺"正确且最佳的形体感觉及精神状态，对形体气质加以强化。然后针对"形"的状态加以调整，即体形训练，以对身体各个部位分别进行塑造、修饰，使错位、变形的身材得到改善。最后，对形体动作和表现加以约束，即展现礼仪美。对形体的训练，最终都将回归于仪态。

礼仪教育作为素质教育的组成部分，正日益受到重视。因为礼仪教育具有活动性、开放性、系统性、主体性等特点，而且在礼仪教学演示中还需要一定的场合、场地配合，因此在体育教学中进行礼仪教育就有了得天独厚的优势。一方面体育教学为礼仪教育提供了演示的场合和氛围,让学生能更直观地接受礼仪知识并进行实践;另一方面,礼仪教育的渗透不仅引导和规范了学生的行为举止,加强了体育课堂教学的组织纪律,还可帮助学生建立和谐的人际关系、促进其心理健康。

本课程的理念是:美出形体,美出气质。通过身体各部分的基本素质训练,全面发展身体各主要部位的技能素质,使身体具备较好的软度、柔韧性和灵活性,让身体各部分关节肌肉、关节的柔韧性与能力有机结合,逐渐形成一种从静止到运动的、向上提升的、线条优美的完美体态,进而从内向外提升气质。

二、课程目标

(一)初步了解坐、站、行的标准姿态,知道芭蕾基础手位和脚位,对形体的修炼产生兴趣。以形体训练的方法为手段,进行有目的训练,从形态、动作规范及神情的表达上纠正自身长期形成的一些不良的坐、立、行、走的姿势及不良的举止、行为、动作。

(二)感悟到日常锻炼对身体的重要性,形成要经常锻炼的意识,养成坚持运动的习惯。

(三)经历形体仪态的改善过程,提升自我气质,体现优美体态、优雅举止的基本要求,增强自信心。

三、课程内容

本课程以"肢体语言,散发魅力"为主题,内容分为五大部分:
(一)伸展操和热身操
以两大基本操为主要学习内容,并将其贯穿在形体礼仪的课堂学习中,有效促进课程的进行。
(二)站姿、坐姿、行姿练习
主要内容是学习并纠正站、坐、行姿态,改善形体仪态,有助体态发展。

（三）芭蕾手位、脚位练习，把杆基本功练习

主要内容是芭蕾的基本功练习，并结合把杆训练，拉伸手部、腿部韧带，加强手臂肌肉和大、小腿肌肉的力量，为之后的舞蹈学习打下扎实的基础。

（四）力量练习

主要内容是分小组进行力量型动作组合训练，通过各个强度的专项训练，分别加强腹部、背部、大臂、腿部、腰部等肌肉力量。同时进行耐力训练，磨练意志，提高身体素质。

（五）舞蹈学习及展示

主要内容是集体舞蹈的学习，练习队形和肢体动作，培养团队默契，增强团队凝聚力。最后呈现出一个成型的舞蹈，将努力的成果展示给观众。

四、课程实施

本课程实施之前需准备：选好难度适宜、与主题相符的舞蹈，精心策划课堂各个环节，准备好舒适的练功服和保护韧带不被拉伤的工具，以及课程中可能会用到的各种道具。

本课程共分为上下两大部分，用时 32 课时（上下各 16 课时）。具体实施安排如下：

（一）形体基本素质训练

1. 柔韧练习

通过教师示范并讲解，结合视频教授、学生跟学的方法，综合形体的特点，着重发展肩、胸、髋、腰和踝部位的柔韧性。该部分主要分为：

（1）伸展操

① 头部：进行低、仰、侧摆、绕环的训练。

② 肩部：进行提、压训练。

③ 胸部：进行挺、含胸的训练。

④ 腰部：左右转腰训练。

⑤ 腹背：压背、拉腿部韧带的训练

（2）把杆练习

① 教师分解动作进行讲解并进行镜面示范，主要分为：

② 单手扶把双手扶把

③ 擦地组合蹲 PLIE、小踢腿 JETE

④ 压腿练习

2. 正确的站、坐、行姿

（1）矫正不良习惯：逐个检验学生姿态、仪态，一对一矫正。改变和
矫正日常生活中养成的抠肩、驼背、伸脖、坐跨、内八字脚的不良习惯。

（2）学习正确的站、坐、行姿

通过教师示范并讲解，结合视频教授、学生跟学的方法，完成任务：

① 靠墙练习、分腿立、单腿立、移重心站立姿势练习

② 盘腿坐（地面）、正步坐上体同盘腿坐、侧坐

③ 脚背屈伸练习、脚踝绕环练习、站立提钟

3. 力量训练

该部分通过教师示范，以学生自主练习为主，主要分为以下内容：

（1）腹背肌练习：仰卧两头起，俯卧两头起

（2）胯和臀部练习

（3）腿部练习

（二）形体基本技能训练

1. 热身操：4×8 拍（正反方向），通过教师示范并讲解，学生跟学的
方法，完成：

①踏步、走步；②并步；③"V"字步；④半蹲步、髋部动作；⑤吸腿跳、
弓步跳；⑥分腿跳、开合跳、踢腿跳、摆腿跳；⑦伸展、体侧屈、呼吸整理。

2. 学习芭蕾手位，通过教师示范并讲解，学生跟学的方法，完成：

常用的手位，即Ⅰ位、Ⅱ位、Ⅲ位、Ⅳ位、Ⅴ位、Ⅵ位、Ⅶ位和准备位
（结束位）。

常用的脚位，即自由的Ⅰ位、Ⅱ位和Ⅲ位，以及直的Ⅳ位。

3. 舞姿训练,教师示范并讲解,学生跟学

（1）准备姿态:双手一位,双脚三位。

（2）双腿屈伸。

（3）右脚向前擦地,同时双手成二位手。

（4）双手上举成三位,眼视双手。

（5）双手横向打开成七位。

（6）右脚收回成三位,双手成一位,双腿微屈。

（7）左脚向旁擦出,双手成六位。

（8）右腿膝盖伸直,身体上拔,双手打开成七位,头转 8 点,眼视前方。

4. 舞蹈练习,通过讲解示范、口令指挥法、重复练习法、纠错法,自我感受练习法,完成如下动作:前进常步、后退常步、横步并步向前。

五、课程评价

本课程评价将平时表现与结课考核情况结合,注重学生自我能力提升实况,不仅要求学生体态与气质的改善,还关注其心理变化,要充分体现形体礼仪课程通过改变形体气质从而增强学生自信心的特点。弱化评价的甄别功能,以鼓励为主,肯定学生的进步和发展,起到反馈调节、展示激励、反思总结、积极导向的作用,更好地促进师生发展。课程评价贯穿于形体礼仪教学的全过程。本课程在评价方式上,要求做到形成性评价与终结性评价相结合,自评、家长评、师评相结合,最后评出优良中三等级。具体做法如下:

1. 课后自主练习（自评）:

姓名	每天都练习	每周练习 4—6 天	每周练习 1—3 天	几乎不练习

2. 学习课程后形体改善（家长评价）：

姓名	站、坐、行姿是否更标准	体态是否更优雅	整体气质有无提升

3. 学以致用、自我展示（自评、互评、师评）：

姓名	服从分配	积极参与	整体效果

注："服从分配"即出勤情况；"积极参与"即完成课堂任务的情况；"整体效果"即结课考核情况。

（课程设计：徐佳琪）

课程现场 3-7

绚丽多彩的儿童服饰

适合对象：六年级

一、课程背景

中国是一个服饰大国，在五千年的历史进程中，服饰文化始终追寻和记载着时代前进的轨迹，放射出古老文明极具中国特色的艺术光辉！进入新世纪，中国以其独具魅力的服饰艺术在世界服饰舞台上占据重要地位。发展和弘扬我国服饰文化艺术，是我们义不容辞的责任。中国有近四亿在校学生，中华人民共和国成立以来，在校学生作为祖国的花朵和未来，服饰应绚丽多彩，五彩斑斓。

服饰研究与课堂教学相融合,能够使学生获得新鲜感。通过发动、组织学生参与儿童服饰研究系列活动,激发小学生的兴趣,锻炼他们的动手动脑能力,培养学生的合作精神。

本课程的理念:动手动脑多了解,儿童服饰我在行。选择贴近学生生活,能引起其兴趣的儿童服饰知识,结合过程和方法,组成课程的基础内容。坚持学生主动探究,重视个性与创新意识的培养原则,尽可能地培养学生的合作探究和人际交往能力。本课程将基于学生的直接经验,密切联系学生自身生活和社会生活、文化资源,鼓励学生进行体验性、探究性、合作性学习,努力使每个学生都得到最大程度的个人发展,获得成功的感受。突出儿童服饰研究的活动性,培养学生合作交流意识,充分发挥教育的实践性原则,体现基础教育改革的精神。

二、课程目标

(一)通过活动,了解及丰富有关服饰的知识。

(二)通过探究及创作,锻炼观察、动手能力,培养创造和审美能力。

(三)通过活动,培养合作精神、责任意识及良好的人际交往能力。

三、课程内容

本课程以"绚丽多彩的儿童服饰"为主题,内容分为我眼中的儿童服饰、校园与儿童服饰、儿童服饰与运动、未来的儿童服饰四个模块:

(一)我眼中的儿童服饰

指导学生通过各种途径,如报纸杂志、上网、向专业人员咨询等,收集相关儿童服饰的种类、款式、颜色、布料等,全方位、多角度了解儿童服饰。

(二)校园与儿童服饰

让学生充分了解学校环境下儿童服装的情况,通过深入调查、采访,了解自己学校学生的穿着情况。

（三）儿童服饰与运动

学生调查、采访、搜集，了解儿童服装的特点，侧重于色彩清新亮丽，运动休闲类服装。

（五）未来的儿童服饰

让学生了解我国以及世界的儿童服饰情况，了解不断创新的儿童服装信息，让学生交流、讨论，畅想未来，大胆想象，设计出"我心目中的儿童服装"。

四、课程实施

本课程实施之前应该有所准备：

1. 在教师的带领下，学生提前分好活动小组，提前做好相关调查表、统计表。

2. 学生自主或与他人讨论，注重成员间的协调安排，合理分工。

3. 准备好活动课所需要的课件与资料；

本课程用时 10 课时。实施路径与方法如下：

（一）制定计划（2 课时）

课前动员，纵观校园内学生们穿着的服装，可以说五花八门：这些服装有自己选择的，有家长选择的，还有的是学校统一订制的校服，他们选择服装的观点、要求一样吗？大家共同喜欢的儿童服装是什么标准呢？

教师以此为导入，激发学生的学习兴趣，强调活动纪律及活动规则：第一，积极参与活动，小组合理分工，服从安排。第二，按时参加小组集体活动，按时、按量完成任务。第三，及时汇总材料，交流活动意见。

（二）开展研究（3 课时）

1. 调查：学生们在双休日走向市场，走入商店，寻找自己喜欢的服装，记录它们的款式、颜色、价格及销售情况。设计问卷对 3—6 年级的在校学生进行调查，详见下面"我喜欢的儿童服装"问卷调查表。然后总结同学们喜欢的服装的共同特征。

"我喜欢的儿童服装"问卷调查表

_____同学:

您好! 我们是广州开发区第二小学六年级"绚丽多彩的儿童服装"实践课程研究的学生。关于"我喜欢的儿童服装"有以下问题需要参考您的意见,希望您如实填写。谢谢合作!

内容 姓名	调 查 内 容	选项
	1. 您同意小学生讲究每日着装吗?	同意
		不同意
	2. 如今,社会上流行追求时尚,您赞成学生穿着时尚服装吗?	赞成
		不赞成
	3. 您认为学生适合穿着哪类服装?	运动类
		休闲类
		牛仔类
		成人类
	4. 您认为哪些颜色适合学生穿着?	粉红色
		浅绿色
		浅黄色
		天蓝色
		白 色
		黑 色
		紫 色
		大红色
		灰 色
		银白色

2. 采访:每组派出三名小记者利用课间、放学后的时间采访老师、家长、成年人,了解他们对儿童服装的看法,并做出采访记录以备参考。

3. 搜集:通过书籍、网络、实物,拍摄、剪辑一些自己喜欢的儿童服装图片,还可抄录一些各界人士对儿童服装的建议或评论。

4. 调查国内儿童服装品牌的数量及发展情况。

（1）市场调查：深入市场了解当前儿童服饰知名品牌，做好记录。

（2）采访：向商场的工作人员了解儿童服装的销售情况，向顾客了解购买意向。

（3）网络查询：登录网站查询儿童服装的知名品牌商标，了解目标儿童服装市场发展动向，搜集相关文字资料。

（三）动手设计（3课时，课后周末完成）

1. 讨论会：真正做一件衣服要经过设计、选料、裁剪、缝制四个程序，对于大家来说，这样成衣困难很大。大家集思广益，商量着尝试用废纸做衣服。

2. 咨询学习：聘请做裁缝的家长当指导老师，假日里，面向学生建立一个服装培训班，教大家简单的裁剪知识，做简单的服装，如：背心、短裙、短裤。到学校对面的裁缝店观摩制衣过程。

3. 查找资料：到图书馆、新华书店查阅裁剪资料自学自做。

4. 手工制作：实际操作阶段先自己尝试裁剪衣服，然后家长或指导老师指导改进，最后自己反复练习，熟练制作过程。

5. 独立创作：发挥自己的聪明才智，设计一套儿童服装。

（四）成果展示（2课时）

以小组为单位，进行"儿童服饰谁精彩"的活动汇报课，总结本课程学习所得。举办一场精彩的服装表演秀。

在本课程实施过程中要注意以下二点：

一是学生实践体验与教师点拨指导结合。在整个教学活动中，教师的主要任务是给予指导和帮助。学生在活动中应得到较大的自主权，最大程度地发挥学生自己的主观能动性，能让学生在整个综合性学习中更好地锻炼自己的能力。学生们通过市场调研、搜集资料、自己动手等，对儿童服饰有了更深入的了解。相信学生在自主、合作、探究的综合实践活动中会有更大的收获。

二是知识性与趣味性相结合。在整个教学活动实施过程中，针对学生年龄及心理特点，以多种多样的形式开展活动，让学生更好地参与到课堂和课外的实践活动中,积极地展现自己。教师也要努力在整个活动过程中进行趣味性指导,让学生学有所得、学有所乐,使他们在活动中增长知识,收获能力。

五、课程评价

本课程对学生的评价应注重以学生为主体;注重过程性评价;坚持激励性评价;关注个性特色评价。

(一)积分性评价

鼓励认真参与活动计划制作、走访调查的学生,以加分作为奖励,积极参加调查研究、整理、汇总研究报告的学生可获得加分。每1个课时进行一次评选。

具体评选原则:以小组合作为单位,小组积分有加分项和减分项。加分项的内容包括:积极参与课堂讨论加两分;遵守课堂纪律加两分;积极参与小组合作任务者加两分;小组合作展示优秀者加五分;调查报告撰写具体、清楚者加十分;调查报告撰写有一定深度和创意者加十五分等。减分项:如不按要求完成团队任务;活动中不遵守纪律;不服从任务分配等,都会扣掉相应的分数。在学期末,根据评比结果,会对表现优秀的团队小组给予奖励。

(二)展示性评价

举办一次"儿童服饰谁精彩"的活动汇报课,小组推选出最优秀的作品,展示给全班同学,学生通过自己精心设计的服饰,宣读自己的设计理念、调研报告,并由师生民主投票,公开公正评选出"最佳创意奖"、"优秀调研报告"、"最佳市场调查小组"、"最佳上镜奖"等。

(课程设计:郑　超)

戏 剧 大 舞 台

适合对象：四至五年级

一、课程背景

　　戏剧是以语言、动作、舞蹈、音乐、木偶等形式达到叙事目的舞台表演艺术总称。戏剧的表演形式多种多样，常见的有话剧、歌剧、舞剧、音乐剧、木偶戏等。戏剧是由演员扮演角色在舞台上当众表演故事的一种综合艺术。高年段的学生已在课堂教学中对戏剧有所接触、了解，所以我们进一步借助"戏剧大舞台"课程，培养学生对戏剧的兴趣。

　　儿童戏剧主要分两类，一类是成人演戏给孩子看，在西方的整个概念上成为"儿童剧"，就是大人演给孩子看，以大人表演为主。另一类，就是孩子参与性的活动，此类又可分成两大板块，一个叫儿童戏剧活动，就是跟孩子排戏，通过演出让孩子进行学习，在此期间，通过孩子观看与表演，促进孩子身心发展；第二个板块，也是本课程的主要活动和手段，即通过戏剧培养孩子们的性格，锻炼学生之间的合作能力。

　　本课程的理念是：培养表演兴趣，引领戏剧未来。坚持"以儿童为中心"和"建构主义"的行动原则，以学生为中心，尊重学生的兴趣和意愿，以学生现有表现能力为基础，即以学生的文化素养为中心。在建构性戏剧活动中，我们一方面看重孩子作为活动主体的主动建构，另一方面，强调老师在其中的支架作用。通过活动过程中的自我监控，相互交流、合作和支持，以及对活动的反思，建构孩子自己的戏剧体验与生活经验。

二、课程目标

（一）学习表演，增强表演意识；克服紧张，培养自信心；小组合作获得合作的机会并培养自己的合作能力。

（二）由欣赏或自我在戏剧中的表现，了解创作的过程，认知戏剧与剧场艺术形成意见，增加认知与经验的层次。

（三）通过扮演去体验人生中的不同情况，提前感受真实人生中可能遭遇的各种情况，并以恰当的态度去面对，做出决定并处理它。通过表演了解社会，建立应有的价值观。

三、课程内容

本课程以"贴近生活"为中心议题，内容分为四部分：

（一）解放天性

解放天性，确实是所有表演训练的第一步，主要内容是让孩子们畅所欲言、打开心房，在应对任何场合的时候，都能够自如地控制自己的身体和情绪，这不仅对表演有利，在生活中也非常有用。

（二）戏剧鉴赏

戏剧鉴赏活动不仅要让学生了解和欣赏一些古今中外的戏剧作品，更要让他们掌握如何去欣赏、认识和理解这些戏剧作品的方法，逐步提高审美能力和鉴赏水平。

（三）表演模仿

由于学生大都是 10 岁左右，生活经验不足，主要内容先以模仿为主，让孩子模仿动物、特定的职业者等，再创设贴近生活主题的情景锻炼孩子的自信心、表演能力、想象力等。

（四）小组展示

主要内容是让孩子分小组分别扮演编剧、导演、演员等角色，进行汇报演出，向老师、同学和家长展示自己的成果。

四、课程实施

本课程分为 14 个课时。课程实施之前应有所准备：

1. 收集中外适合十岁左右儿童观看的影视剧和舞台剧；

2. 制作教学 PPT；

3. 制作学生表演时需要用到的小道具；

4. 搜集学生基本资料，根据孩子性格的不同，制定不同的表演计划。

具体实施路径与方法如下：

（一）增加趣味性，在"做"中学

1. 喜剧并不只是"演"，还要学会欣赏，因此需要积累中外的经典影片，学会"看片"，对于情绪反应、人性表现、构图均衡、节奏顺畅等都有自己的见解与评价，以此培养学生的艺术认知、批评鉴赏等审美能力。有了基本的审美素质才能为之后的表演打好基础。

2. 运用音律、舞蹈与身体动作的配合，促进学习者表现出和谐优美的动作。戏剧为综合艺术，在创作中，将运用美术、音乐、舞蹈、建筑等技术于戏剧表演中，使学习者了解戏剧与其他艺术的关系，并运用于自己的创作。

3. 戏剧采取愉快又民主的方式进行，鼓励学生尽量即兴演出，教师亦需参与其间，扮演角色，对参与者不形成表演的压力，使参与者能自由抒发情绪，通过参与、认同、好奇的操控及满足，达到情绪操控及管理的效果，以其独特的环境气氛，激发学生的积极性，切合学生的成长需要。

（二）贴近生活，建立正确的态度与价值观

1. 戏剧活动为学生提供拓展、经历、表达的机会，重视儿童之人格与创作能力之发展，培养自我认知与自我表达，提高自信心。

2. 戏剧活动是基于"假如我是"的感性认知，去反映他人思想的活动，在设身处地地假想自己为他人的情况下，能促进思想的成熟，避免过度自我中心的主观意念。在身体动作训练中，需运用道具，通过团体组织以及自由的表达方式，与他人合作做自我肢体的表达与控制，在此过程中可适当地表现个人意念,观察他人,认知自我,通过扮演去面对人生中许多情况。教师可引导他们选择以正确的方式即兴地去经历、拓展他们在真实人生可能遭遇的各种情况,让他们以适切的态度去面对各种事物,做出决定并处理它,以协助儿童了解社会,建立应有的价值观。

(三)以学生为主,培养合作能力

1. 人与人,人与环境等冲突是戏剧进行的基本要素。透过假设的情况,学生可不断地尝试解决、转换、重新整理所遇到的问题,或经由他人的表现学习解决人际关系问题的技巧。

2. 在进行之前,教师会说明戏剧活动进行的方式与规则,凡参与者皆必须养成遵守规则的习惯,才能使活动顺利进行。戏剧活动多需群体合作来表现,在发展己见、接受他人意见,或由小组与团体采用综合表现时,都须要具有良好的民主风范,服从多数尊重少数,通力合作。

五、课程评价

本课程在课程评价上以学生自评、小组互评、教师点评为主。

1. 学生自评

学生每一节课记录"自我成长",对自己的所学及课堂表现进行记录并自我评价,提高自我认识,促进自己进步。

2. 小组互评

学生分小组进行汇演,并请其他小组进行评价和打分,评出"最佳表演"、"最佳剧本"、"最佳小组"等奖项,提高学生的集体荣誉感,促进良性竞争。

3. 教师点评

教师对每个人和每小组进行点评,并对每个人或小组进行针对性辅导,加强学生能力的培养,促进学生进步。

(课程设计:周团图)

第四章

L：语言与交往课程

当今社会沟通的方式有很多，但没有哪一种比语言更为重要。语言是人类思维交际的重要工具，是进行沟通的主要表达方式，它让人与人的心贴得更近，让文化的交流更为融洽。如果说交流是帆，那么语言就是风，将人与人之间的小船传送到恬静的港湾。让我们掌握好语言，用好语言，让语言发挥最大的功用，真正成为沟通的桥梁吧！

语言

让人与人的心贴得更近

语言

让文化的交流更为融洽

语言

魅力无穷

让我们轻轻推开语言王国的大门

畅游其中

探索世界

学好语言

用好语言

使语言真正成为沟通的桥梁吧

语言是一种特殊的社会现象,是一种音义结合的符号系统,是人类思维交际的重要工具、进行沟通的主要表达方式。正如马克思所说:"语言也和意识一样,只是由于需要,由于和他人交往的迫切需要才产生的。"人们通过语言进行交际,交流思想,以便在认识现实、发现现实、改造现实的过程中协调相互之间的关系,以取得最佳效果。

"语言与交往"课程主要涵盖了语文和英语两大板块——学生阶段最重要的两门语言类课程。语言类教育应做到工具性与人文性并重,使学生在学习过程中既能够发展综合语言运用能力,又能学会如何学习,养成良好的意志品质和合作意识,学习处理人与人、人与社会、人与自然的基本关系,形成创新意识,发展科学精神,从而全面提高综合素质。

"语言与交往"课程通过多种形式的语言实践活动,进一步教给学生方法,培养学生的阅读、写作、表达、表演、朗诵等能力。学生进行多角度、多方面的情感体验,了解世界多元文化并产生理解与尊重意识,提升人文素养,激发语言学习的兴趣,深入体会语言与人际交往的相关性。

"语言与交往"课程根据学科特点和不同年龄阶段的认知规律,设置了五大类课程:

表演类课程包括歌曲童谣表演比赛、英语故事比赛、校园十大英文歌声比赛、歌谣伴成长、戏剧大舞台、攀登英语口语童谣等。在表演中品尝学习的硕果,进一步激发学习兴趣。

口语表达类课程包括小小英语演说家比赛、普通话与口才(一到五年级)、能言善辩等。通过有声语言以及口才训练的实践活动,使学生较为系统、熟练地掌握语言表达与口语交际的基本技巧和规律,培养学生语言表达能力,提高自信心,并激发学习潜能。

阅读类课程包括遨游童话世界、迷上动物小说、传说故事、水"煮"三国品味经典、阅读名人传记欣赏名家散文、走进精彩绘本、成语王国、诵读经典课程、英语报刊阅读等。通过大量的课外阅读,拓展知识面和视野,提高语言学习能力。

书写类课程包括 ABC 小小书法家比赛、校园十大小作家等。用手中的笔写漂亮的字,记录下自己的所见所闻,感受生活中的点点滴滴。

综合类课程包括迪斯尼英语课程、英语沙龙等。通过循序渐进、包罗万象的学习体验,掌握核心语言技能,使英语学习更加高效。

语言学习要通过创设良好的语言环境,提供大量的语言实践机会,开放课堂,在生活的天地里学习。"语言与交往"课程立足学生,教师适当参与并指导。在课程的设计上,改变了语言学习中机械模仿和枯燥训练的模式,不以单一的掌握专业知识、技能技巧为教学目标,充分尊重学生现有的知识储备、认知规律,积极调动学生的自主性和主体意识,以生动活泼的形式扩大学生的参与面,让活动行之有效且不流于形式。学生在语言学习过程中,通过自己的体验、感知、实践、参与和交流形成语感,轻松愉快地学习语言的基本知识和技能技巧,了解语言的文化内涵,形成语言学习经验和能力,从而促进个性的完善与发展。交流方式也将由课内活动的单、双向交流,转为多向交流。

　　语言是伟大的,它如湿润的春雨般滋润人们的感情。法国人文主义作家、思想家蒙田曾说:"语言只是一种工具,通过它我们的意愿和思想就得到交流,它是我们灵魂的解释者。"语言作为思想载体,在这个越来越小的世界中变得尤为重要。"语言与交往"课程"面向全体学生,以学生为本",使每个孩子都有权利学习和享有语言文化艺术,使每个孩子都具有为生活增添色彩的艺术能力。活动丰富、形式多样、趣味性浓、实用性强,深受学生喜爱。让我们掌握好语言,用好语言,让语言发挥其最大的功用,真正成为沟通的桥梁吧!

(撰稿　熊　沁)

英语歌曲童谣表演比赛

适合对象：一至二年级

一、课程背景

　　兴趣是英语学习的先导,而英语童谣则是兴趣的灵魂附着物。把枯燥的词、句的英语学习变成愉快的童谣旋律,旋律使人愉悦,英语童谣使人欢畅,英语童谣歌词使学生的词汇量得以扩充,使学生愉快学习英语,轻松学到英语,休闲时刻学好英语,在英语中寻找律动,在英语中收获真知。英语童谣由于内容丰富生动、语言浅显、节奏明快,结合了词的韵律流动感,所以具有可以唱诵的特质。对一二年级的学生来说,是活在孩子们口头上的英语文学。在低年级进行英语童谣教学,能让学生通过聆听、唱诵儿歌的形式兴趣盎然地学习英语,同时,通过综合运用活动性、直观性、讲授性的教学方法达到其独有的学习效果。

　　从学习英语阶段到运用英语阶段,英语童谣在其中发挥着重要作用。利用英语童谣学习英语,孩子能在歌唱中无意识地打好英语基础,巩固英语知识,发展各种英语能力;音乐能激起他们学习的激情,英语童谣带给他们成功的喜悦;在英语童谣中还能锻炼孩子的学习、实践、应用能力及人际交往等各种能力;同时也符合新课标的主旨——"快乐学英语"。低年级学生,对于身边的事物充满着好奇,有着强烈的学习愿望,对于语言也有着特殊的领悟力,他们喜欢唱唱跳跳,玩玩闹闹,而英语童谣正好适合他们的这种年龄特点。

　　本课程的理念是:感受童谣之美,展示童谣之魅。通过有趣的歌曲童谣,让孩子们在快乐的氛围中去学习英语,感受英语韵律之美,从而提高孩子们对于学习英语的兴趣以及积极性。通过童谣的哼唱,让孩子在轻松的环境中去收获知识。

二、课程目标

（一）初步掌握英语的语音语调，培养自身的英语语感。

（二）自编自创儿歌，提升自身的人文素养和综合能力，增强英语学习的目的性和艺术性。

三、课程内容

本课程的主要内容为学唱英语童谣并表演，精选 10 首朗朗上口的鹅妈妈童谣进行学习，包括三方面的内容：

（1）游戏歌

游戏歌是配合游戏活动的儿歌，它伴随着孩子的游戏动作而吟唱，能够增加活动的趣味性和愉悦感。

《One. Two. Three》

One，two，three—clap.

One，two，three—clap.

One，two，three—clap, clap, clap.

One，two，three—stamp.

One，two，three—stamp.

One，two，three—stamp, stamp, stamp.

One，two，three—hush.

One，two，three—hush.

One，two，three—hush, hush, hush.

学生一边朗诵儿歌，一边做身体动作。这不但丰富了游戏内容，提高了孩子游戏的兴趣，而且边玩边唱，促进了学生对儿歌的理解。

（二）数数歌

数数歌把初步的数字概念和具体可感的形象结合起来，不但激发学生学习的兴趣,而且也初步培养学生的数字概念。如儿歌:One little bear, walk, walk, walk. Two little bears, run, run, run. Three little bears, jump, jump, jump. Four little bears, sleep on the bed. 这首儿歌不但能帮助学生认识英文数字,而且也使学生初步了解最基本的数的序列。

（三）问答歌

问答歌的特点是以设问形式表达内容。如儿歌:《Who stold the cookies》:"Who stold the cookies from the cookies jar?" "—stole the cookies from the cookies jar" "Who me?" "Yes, you ." "Couldn't me?" "Then who?"儿歌可以延伸连续回答,形式活泼,句式简单。

四、课程实施

本课程实施之前应该有所准备:精心备课,精选 10 首朗朗上口的鹅妈妈童谣学习。本课程用时 14 课时。实施方法如下:

（一）听一听,学一学(模仿跟唱)

小学生善于模仿,教师的示范说、唱应有正确的发音,清楚的吐字,准确的语调、旋律和节奏,适当的表情、动作等。说唱主要用一些自编的童谣和未谱曲的童谣,要求用抑扬顿挫、富有节奏、生动活泼的语调把歌词说唱出来,也可以用于先说后唱、在能吟调的基础上学唱的儿歌。歌唱用于根据已有曲调自填词的歌曲或已有原歌曲的演唱。说、唱示范,原则上由教师承担,也可以用录音、录像代替。教师通过视频或者音频让学生感知童谣,让学生在感知的过程中去模仿童谣的语音语调。

（二）学一学,唱一唱(自由歌唱)

把童谣、歌曲的内容用体态动作或表情表现出来,边说边唱边动作。例如:

Two little black birds are sitting on the tree.

One is Jack, the other is Joe.

Flies away Jack, flies away Joe.

Flies back Jack, flies back Joe.

教师边说边做动作,学生跟着学。如第一段把两手举起,并放两侧,竖起大拇指,表示两只小鸟,分别按节奏向中间平移,唱到"are sitting on the tree"的时候,两手会合。然后举起右手,抖动竖起的大拇指,同时说"One is Jack",放下右手,举起左手做同样的动作,同时说"the other is Joe",接着两手在两侧舒展摆动做小鸟飞行的动作,同时脚步随着节拍说"flies away Jack, flies away Joe",前后稍做走动状,边做边说唱。在这一个阶段,教师会分段对童谣进行详细的讲解和带唱,每一句歌词都会创编相应的动作让孩子进行学习。

（三）唱一唱,编一编（创编动作）

二年级的孩子以形象思维为主,但大多数儿童还是保留了直觉行动性思维的特点,这一特点决定了他们对英语儿歌动作性的要求。在英语儿歌作品中,富于动感的语言能有效地唤起幼儿的注意,增强他们对内容的理解,例如手指歌:"Mother finger and baby finger making a telephone, hello-hello-hello. Four finger and middle finger making a rabbit, jump-jump-jump. Mother finger and four finger making a gun, bang-bang-bang."通过五个手指的动作变化,组合成生活中各种有趣的活动,节奏明快、富有动感的语言念起来兴趣盎然。每一首歌曲在教师的带领展示后,由孩子分成若干小组,进行动作的创新和改编,在改编的过程中不断地练习歌曲。

（四）演一演,乐一乐（表演歌唱）

表演是对童谣学习最好的检验和展示。通过学生的语言信息反馈,即学生运用能力的展示,学生对童谣的熟悉程度便一目了然。教师要给学生提供展示的机会。在课堂上,尤其是模仿跟唱中,可以分别安排不同的小组进行跟唱比赛,自由歌唱环节可安排学生两人（三人、四人）小组活动,运用实物、图片、视频等上台表演。创编动作过后让孩子上台展现他们不同的风采,学生在表演中品尝学习成功的感受,进一步激发学习的积极性。

五、课程评价

本课程采取积分制评价和展示性评价,通过不同的分数来选出不同的头衔,如小小歌唱家、最佳表演奖、积极参与奖等。

（一）积分制评价

本课程采用小组合作形式进行积分制评价,课堂中获得第一名的小组以及个人加 3 分,第二名的小组加 2 分,第三名的小组加 1 分。个人每回答一次问题加 2 分,表演一次节目加 2 分。

（二）展示性评价

1. 展示内容共 4 分

（1）内容健康、向上、有趣味性和思想性,符合年龄特点加 2 分。

（2）选材恰当,时间适中,不易过短或过长,以 2—3 分钟为宜加 2 分。

2. 表演技能共 3 分

（1）情绪饱满,声音响亮,富有感情,富有现场感染力加 1 分。

（2）表现力强,将角色自然演绎加 1 分。

（3）展示内容有一定难度,有伴舞或音乐伴奏等,音乐与语言搭配和谐加 1 分。

3. 仪态仪表共 3 分

（1）大方、自信,服装和道具的配备、使用恰当加 2 分。

（2）仪表、形态语言自然、恰当、不拘谨加 1 分。

本次比赛将把整体成绩排名前三的选手评为小小歌唱家;整体成绩排名第 4 至第 9 的选手获最佳表演奖。其余的参赛选手都将获得积极参与奖。

（课程设计：陈丹虹）

有趣的英语拼读

适合对象：二年级

一、课程背景

"英语拼读"课程立足点是：让孩子们了解英语中字母（letter）与语音（sound）间的对应关系，掌握发音规则，不必翻阅字典便能够顺利地将单词顺利读出。让孩子们可以很快学会拼读不认识的单词，提前进入阅读领域，使英语学习变得简单、快乐、有趣。

Phonics，即字母拼读法（又译自然拼读）的本质在于建立英文字母与英语语音之间的联系，实现文字与语言的相互转换，使英语学习者在'听说'的基础上进一步具备'读写'能力。与国际音标（International Phonics Alphabet，IPA），即人为发明的发音方法相比，自然拼读是自然形成的发音规则，是语言内在的拼写机制。因此，自然拼读作为英语"识字"巩固和阅读的技能，更适合少儿英语学习者学习掌握。

本课程的理念是：趣味拼读，见词能读。Phonics 是美国、加拿大等母语为第一语言国家的必修课程，是使孩子通过学习英语读音与拼字，提高阅读能力与理解力的教学法。英语作为一门外语，中国学生在学习上相对而言存在一些困难，要让孩子们在接受其中的奥秘、获取知识点、拓展视野的同时，感受英语的多姿多彩。真正意义上实现"以人为本"的教学目标，结合丰富的英语教学资源，开展生动有趣的英语活动，同时运用语文拼音以旧带新，增强学生的英语能力，提高学生的学习兴趣以及阅读能力。让学生在有趣轻松的学习氛围中获取知识，全面发展。

二、课程目标

（一）让学生初步掌握 26 个字母的基本发音规则和发音规律；

（二）让孩子在一开始接触英语时体验其中的乐趣并产生浓厚的兴趣，为之后的英语学习奠定基础；

（三）通过拼读能力的培养增进自身阅读能力与理解力，在小组活动中增强交流能力。

三、课程内容

本课程的主题是让学生掌握科学的拼词技巧，见词能拼，提高英语学习兴趣。课程内容分为 4 个部分：

（一）基础发音

主要内容是学会 26 个字母的基础发音，辨认每个字母的型、声，并会拼读简单的单辅＋元＋单辅的单词。这是整个课程学习的必备基础知识。

（二）词到句的歌曲

主要内容是根据 26 个字母的组合单词的拼读单词然后组成句子，呈现歌曲从而拼读唱，既是对前一个部分的检验，也是为后面深入短文的阅读作准备。

（三）句到短文阅读

主要内容是将前面所学的知识进行整合，并综合运用到英语的小短句、小短文中拼读，提高阅读能力。这一内容也是对学生在阅读中的拼读效率的综合性检测。

（四）课程评价

根据不同的形式对学生进行学习评价，并做出相应的教学反思及整改方法。

四、课程实施

本课程实施之前应该有所准备：老师准备好相应的课件，认真做好有趣的教学设计，准备好活动需要的多样化教具。

本课程共用时 14 课时。具体实施安排如下：

（一）展示与欣赏

通过使用音频视频、语文拼音工具等教学手段的使用，联系学习总结，完成任务。教师利用卡片以及课件，使学生对 26 个字母可以灵活认读以及书写；结合课件的音频和视频进行有趣的活动，掌握英语中 26 个字母的字音型；每个课时学习两个字母在规则单词中的基础发音，并且结合简单单词（单音节或者是双音节）的拼读，过渡到句子，串联歌曲上口，最后深化到短文。

（二）研讨与交流

在教师引导下，学生展示和演练学习到的每个字母发音，同时结合课件的呈现、教具（塞子、魔法帽子、飞机坪……）的辅助以及师生互动的趣味活动等方式进行教学。师生之间交流讨论，学生在学习过程中获取发音，从而自主发现后面陆续出现的字母发音，课程期间结合英语听说读写的要求去学习 26 个字母。

（三）操作与分享

在自主尝试和拼读实践中，完成任务。

在没有老师引导的情况下，以已掌握的知识点和方法自主拼读新单词、句型短文。即使仍未学到的字母也在学习的过程中渗透，让孩子们在组内交流讨论，分享自己的拼读能力，并逐渐掌握拼读的技巧。

（四）实践与展示

在小组探讨、组内 pk、班级 pk 中展示并完成任务。根据拼读的 26 个字母交换的单词拼读、歌曲以及 4—5 句的短文实操在组内共同完成拼读；组内竞选语音语速语调正确率高的同学，然后在班上进行 pk，pk 内容为 26 个字母交换的单词拼读、歌曲的上口以及 4—5 句的短文实操。

在本课程实施过程中要注意以下两点：

一是教师讲授和学生自主发现相互结合来实施教学活动。针对孩子喜欢新鲜事物、乐于探究的性格，教学时采用集体讲授、独自练习、分组活动、合作学习等方法让学生对魔法拼读更深入地了解和掌握，增强学生英语学习的自信心。

二是科学性与趣味性相结合，循序渐进地教学。在教学活动实施过程中，要针对学生年龄及心理特点，以形象、具体、生动、活泼的形式开展活动，设计富有趣味性的教学方式以及具有特色的互动游戏，让学生学有所得、学有所乐，使他们在愉快的氛围中增长知识，实现对简单的规律单词"见词能读、听音能写、快乐阅读"。

五、课程评价

课堂评价注重形成性评价，它着眼于促进学生的多方面发展，能对学生的学习产生积极的影响和鼓励作用。它的最终目的不是提高学生成绩，而是关心学生的情感态度和学习策略的发展和变化。帮助学生增强自信，获得成就感，培养其良好的价值观；激发学生的学习动力，让他们保持学习热情，感受到老师对他们的关注与评价；发挥学生的主体性，以学生为中心，促进学生的自我稳步发展。课程评价贯穿于魔法拼读教学活动的全过程。

（一）积分制评价

每次课程分成 6 小组进行 pk。对于积极发言、纪律表现良好、认真完成每一项任务且名列前三的小组进行鼓励累计的积分奖励，评选出"超越魔法小组"、"奋发拼读小组"和"明星拼读小组"。每个课时都进行评选。

（二）展示性评价

根据每课时学习内容，学生在组内展示自己的拼读单词、句型的熟练度，互相比拼，选出组内优秀之星，最后在班级中再竞选出 3 名"魔法拼读之星"。2 课时评选一次,以打五角星的方式进行评价,最少三颗星,最多五颗星,综合学生互评和老师评价选出。

(课程设计:林　茵)

课程现场 4-3

攀登英语口语童谣

适合对象:一至二年级

一、课程背景

人们常说,音乐能陶冶人的情操。音乐是一种奇妙的艺术,它能使人消除疲劳、稳定情绪、激发斗志、振作精神。歌谣是儿童口头传唱的,它们大多是根据学生的理解能力、心理特点,以简明的音韵写成,也有部分歌谣是学生在游戏等场合随口编唱的。英语歌谣由于内容丰富生动、语言浅显、节奏明快,结合了词的韵律流动感,所以具有可以唱诵的特质。对学生来说,它主要是一种由耳朵感知的听觉艺术,是活在孩子们口头上的英语文学。德国教育家第斯多惠说:"教育的艺术不在于传授知识,而在于激励、唤醒、鼓舞。"可以说英语歌谣是英语学习中不可缺少的"调和剂"和"兴奋剂"。它给人以智慧,易于激发想象力和兴趣,所以学习者应该学唱一些难易程度适当的英语歌谣。

《英语课程标准》强调激发和培养学生学习英语的兴趣,并在所规定的各级目标中提出学生必须"能够演唱英文歌曲若干首"的具体要求,即通过英语歌曲及歌谣,培养学生的兴趣及审美情趣。欣赏英语歌谣是一种接受语言环境熏陶的方式,也是学好英语的基础。英语歌谣唱得好的人比不会唱的人的英语语感更好、发音更标准、语言更流畅、听觉更敏锐。

本课程的理念是：感受韵律美,大胆开口唱。英语歌谣把枯燥的词、句的英语学习变成愉快的儿歌学习,旋律让人愉悦,节奏让人欢畅,歌词让学生的词汇量得以补充,更能激发学生愉快地学习英语,在英语中寻找律动,在英语中收获真知实践。在课外英语活动中运用歌谣的形式,关注学生的学习情感,以歌促学,寓教于乐,培养孩子们的韵律及节奏,培养学习英语的自信心,激发和培养学生英语学习的浓厚兴趣。学唱英语歌谣把无味的语言现象变成生动有趣的课堂形式,让学生在课堂上更活跃,学得更好。

二、课程目标

（一）体验和感受英语歌谣的欢快旋律,掌握简单词汇,增强学习英语的兴趣和积极性;

（二）敢于大声地歌唱英语歌谣,并能根据歌词大意做出正确的动作反应;

（三）初步具备歌曲的欣赏和理解能力,提高自身英语听力技能,培养良好的语感。

三、课程内容

本课程以爱唱英语歌为主,从学唱着手,激发学生学习英语的兴趣,培养说英语的韵律感,养成良好的英语语感。根据以上的培养点,内容分为以下四个模块:

（一）歌谣欣赏

主要内容是了解英语歌谣的特点,感受英语的语言韵律美,体验英语歌谣的节奏感,知道一些读音相同或相近的词汇,欣赏不同类型的英语歌谣。

（二）歌谣学唱

内容包含学习发音、理解歌词、跟上节奏、大胆跟唱和自主模唱。通过学唱任务,学生能理解歌谣的大意,掌握基本的语音语调,能跟上歌谣节奏,乐于大胆开口跟唱,并能模仿原音的发音习惯。

（三）歌谣练唱

主要内容是分为不同的小组进行自主练唱,让学生根据所学歌谣及节奏,自主编排动作进行演唱练习。

（四）歌谣表演

主要内容是以班级为单位进行集体演唱,让学生自己选取一首歌谣,老师协助学生给歌谣编排相应的动作,通过反复的团队练唱,给大家呈现一次英语歌谣的演唱。

四、课程实施

本课程实施之前应该有所准备：提前进行年级分工和小组合作任务安排,精心选取简单有趣的歌谣供欣赏和学唱。

本课程用时 8 课时。实施方法如下：

（一）欣赏与了解

欣赏不同类型的英语歌谣,结合生活实际了解歌谣背景,通过欣赏活动,增强学唱英语歌的兴趣。

（二）模仿与练习

学习歌谣,大声朗读歌词,学习词汇,了解大意。通过模仿原音,掌握一些韵律节奏,积累语音语调知识,通过反复听和不断练习巩固歌唱技能,为演唱做好充分的准备工作。

（三）合作与交流

自主选择歌谣内容,让各班自己编排动作,并在此过程中培养审美情趣以及自主学习和沟通的能力。通过团队一起沟通如何编排和表演,学生更能明白合作的重要性,产生集体荣誉感和自豪感。

（四）排练与展示

全体学生共同选择一首歌谣,编排动作进行练习,在学期末的沙龙活动中进行展示。在排练的过程中,教师协助指导,让学生反复练习,最后让学生将自己的成果展示给观众看。

五、课程评价

参加课程的年级以班级为单位,分为班级团队,该课程的评价按照以下方式进行:

（一）积分制评价

参加课程的每个班级为一个团队,团队积分有加分项和减分项。加分项又分为常规加分项和特殊加分项。常规加分项的内容包括:回答问题答对者加两分;课堂纪律表现好者加两分;积极参与团队合作任务者加五分;团队合作展示优秀者加十分,等等。特殊加分项包括:歌谣表演整齐划一加十分;歌谣表演有创意加十分,等等。减分项:如不按要求完成团队任务;活动中不遵守纪律;不服从任务分配等,都会扣掉相应的分数。在学期末,根据评比结果,会对表现优秀的团队小组给予奖励。

（二）评选"优秀表演团队"

开展班级间英语歌谣比赛,可以采取各班选派代表参加或全班参加的形式。在展示活动中,采用现场口头评价和使用评价量化表相结合的评价方式:

1. 现场口头评价。由各英语老师组成的评委进行现场口头评价,并根据团队表演的情况给出建议。

2. 量化表评价。每个班级提前选出 5 名代表组成学生评委,以量化表评价的形式进行打分,具体评分细则如下:

（1）精神振奋,情绪饱满(1分);

（2）着装整齐,穿着大方得体(1分);

（3）演唱方式符合歌曲特色(1分);

（4）歌曲内容健康向上(1分);

（5）准确把握歌曲的旋律,音准较好,咬字清晰(1分);

（5）演唱节奏准确,不抢拍不拖拍(2分);

（7）舞台表现力强，形式多样，舞台效果好，表演者情感到位（3分）。

最后，根据每个团队的得分情况，评选前五名为"优秀表演团队"，其他班级团队均可获得积极参与奖励。

（课程设计：滕　芳）

课程现场 4-4

英语沙龙之缤纷短剧

适合对象：三至四年级

一、课程背景

戏剧是一种综合性的舞台艺术，它融合了许多种艺术表现手段，剧本、演员、观众和剧场是构成戏剧的四个基本要素。短剧是戏剧的一种，是一种观众喜闻乐见的艺术形式。它集演员、音乐、语言和舞蹈于一体，语言主要以口语为主，通过舞台说明、台词及人物表演来体现人物性格，塑造人物形象。

英语短剧中的情景剧表演，不仅能够提升学生的自我表现能力，更能使学生在表演的过程中学习口语、语法、词汇等知识。在富有趣味性的表演中，学生会爱上英语，对英语学习产生浓厚的兴趣。短剧表演可以帮助学生建立积极的学习态度，激发学习的愿望，同时也提高了学生们的文化艺术修养，使学生树立自信，增进情感上的发展和交流，增强团队凝聚力。《英语课程标准》中明确提到，小学英语的总目标就是通过学习，能够激发和培养学生学习英语的兴趣，使学生树立自信心，形成一定的综合语言运用能力。具体目标中的一二级目标明确说明：一能做简单的角色表演；二能在图片的帮助下听懂和读懂简单的小故事。即能在图片的帮助下听懂、读懂并讲述简单的故事;能在教师的帮助下表演小故事或小短剧。

　　本课程的理念是:感受短剧魅力,体验表演乐趣。开展英语短剧表演,正是以学生为中心,以活动为主线,以学生的主体性、能动性、创造性为导向,在活动中,创设一种宽松和谐的学习环境,真正激发学生在教学活动中学习语言的积极性和独立性,使他们的思维处于活跃状态,养成自觉学习的良好习惯。英语短剧表演活动的开展,可以帮助学生虚拟英语学习的"情境",利用同伴间的"协作"和"会话",激发学习兴趣;帮助学生充分感受英语短剧的魅力,体验英语表演带来的乐趣,进而提高学生英语学习的效率,最终完成"意义建构"。

二、课程目标

　　(一)欣赏经典英文电影片段,模仿地道的英文语音语调,提高听说能力;

　　(二)初步了解舞台表演艺术,学习舞台表演知识,培养舞台表演能力;

　　(三)初步养成主动学习、主动参与、主动思考和主动分享的意识。

三、课程内容

　　本课程以感受英语剧表演的魅力为主,内容分为以下四个模块:

　　(一)短剧欣赏

　　主要内容是欣赏一些经典儿童英文剧目,掌握英语短剧的特点,了解短剧表演的基本要素,提升欣赏能力,培养对英语短剧表演的爱好。

　　(二)剧本学习

　　主要内容是掌握短剧的背景、故事情节和人物的性格特征;熟悉短剧内容,分配角色;学习场景对话,熟悉词句。

（三）道具制作

主要内容是根据不同的角色需要，制作简单的表演道具，让学生参与道具的准备过程，自主创新，加深对剧本的了解，激发对表演的乐趣，向往舞台表演。

（四）短剧演练

主要内容是成立小剧组，传授短剧表演中具备的模仿力、表达力。分小组进行排练，让孩子参与到布景、服装、化妆等每一个环节，通过自己的努力逐步完成展示表演的准备工作。

四、课程实施

本课程实施之前应该有所准备：提前进行年级分工和小组合作任务安排，精心选取简单有趣的短剧供欣赏和表演。

本课程用时 8 课时。实施方法如下：

（一）欣赏与了解

欣赏比较熟悉的经典英语短剧，了解短剧的表演形式。通过欣赏活动，增强英语短剧表演的兴趣。

（二）研读与练习

选择剧本，读通、读熟、读懂剧本；通过研读，学习词句、了解角色、体会情感；通过反复通读和不断练习，熟练掌握剧本的语言表达，为小组操练做好充分的准备工作。

（三）自主与排练

自主选择剧本所需道具，各班级学生自己动手制作道具，并在此过程中培养审美情趣和自主学习的能力。分小组进行剧本排练，一起编排表演动作，通过团队合作，学生更能体会团体协作的效率和重要性。

（四）表演与展示

以班级为表演团队，在学期末的沙龙活动中进行展示。通过展示自己的成果，学生更能感受英语短剧表演的魅力，喜欢学习英语。

五、课程评价

参加课程的年级以班级为单位,分为小组,该课程的评价按照以下方式进行:

(一)活动积分制评价

在沙龙活动中,可在"提出问题"、"回答问题"、"合作交流活动"等环节设置积分。第一,提出问题奖励积分。学生在上课过程中,根据所学内容发现并提出问题,教师可以根据问题的质量奖励积分;第二,回答问题奖励积分。对于教师提出的问题,教师可根据回答情况给予奖励分;第三,合作交流活动奖励积分。在分组讨论、合作练习与表演中,表现突出效果好的小组给予整体奖励积分。

(二)评选优秀团队

在沙龙展示活动中,由各英语老师组成的评委根据各班级代表或团队的表演情况进行评价,其内容如下:

1. 表演形式新颖、自然健康,台风大方、富有艺术感染力,获得 2 分;

2. 选材于本年级所学内容,符合观众的年龄特点和心理特点,获得 1 分;

3. 节目表现形式有创意,表演过程流畅、紧凑、完整,获得 2 分;

4. 表演者服装、道具、舞台设计有特色,有利于表现主题,获得 2 分;

5. 表演者精神饱满、有激情、吐字清晰、语言有感染力,获得 2 分;

6. 组织有序、遵守纪律、服从指挥,获得 1 分;

根据各表演团队的得分情况,将前五名评为"优秀表演团队",并给予相应的奖励。

(课程设计:滕　芳)

英语沙龙之趣味配音

适合对象：五至六年级

一、课程背景

电影是生活的写照，是了解不同群体生活和文化的间接渠道。电影为学生创造了"声、光、色、像"无限拓展的立体环境，为学习奠定了良好的基础。美国教育学者研究发现：我们从视觉获得的 80％ 的知识，能被记住的只有 11％。听觉和视觉的组合则可以获得更高的效率，使记忆的内容由 5％ 上升到 50％。英语听说是学习中最复杂、最敏感的部分，是语言交际的重要途径与手段，其对语境的要求很高。电影配音根据生活场景而设定，其内容一定程度上反映了西方人的生活方式、思维模式和人际交往规则，使英语学习生活化。采用创设情景的方法进行英语口语教学，让学生体验配音学习过程，体验电影剧本中人物的情感，体验电影主题的思想，从中获得成就感，从而激发起更大的学习热情。

英文电影趣味配音，是根据学生的年龄和认知的特点，选用英语电影片段进行口语教学，利用英文原版电影，开展相关的听说活动。通过创设英语口语教学的良好环境，优化英语课堂教学，激发学生学习的兴趣和动力，提高学生的综合素质，即观察能力、记忆能力、模仿能力、表演能力、自主学习的能力、文化意识、异文化的认同等。

本课程的理念是：感受配音乐趣，提升自我学习。开设电影趣配音校本课程，旨在为学生提供贴近生活，具有时代感的口语教材，拓展学生口语学习和运用的渠道，探索出一种既能引起学生学习外国语言和文化的兴趣，又能提高语言运用能力，还能促进学生综合素质发展的教学方法和途径,这也是《英语课程标准》,即"发展学生自主学习的能力和合作精神;使学生掌握一定的英语基础知识和听、说、读、写技能,形成一定的综合语言运用能力;培养学生的观察、记忆、思维、想象能力和创新精神;帮助学生了解世界和中西方文化的差异,拓展视野,培养爱国主义精神,形成健康的人生观"要求的体现。

二、课程目标

(一)通过看电影、查阅与电影有关的资料、学习交流等方式习得地道的英语表达,并能够在特定的场景中进行语言运用;

(二)初步养成自主学习意识,学会倾听,学会交流,提升英语表达能力;

(三)了解中西方文化的差异,拓展视野,形成健康的人生观,为终身学习和发展打下良好的基础。

三、课程内容

本课程以体验英语配音的乐趣为主,主要内容分为以下四个模块:

(一)电影欣赏

主要内容是欣赏一些经典儿童英文电影的精彩片段,了解英语电影的声音、画面和意境,提升欣赏能力。在审美体验与审美享受中接受信息,这样的学习才会学有所"乐"。

(二)语言学习

主要内容是了解中西方文化背景的差异,充分理解影片,学习电影片段中的经典台词,扫清语言理解上的障碍,进行英语听说学习。

(三)表演学习

主要内容是进一步学习,小组选择喜欢的段落和人物进行模仿配音,熟记台词内容及情感表达。通过模仿电影片段,练习地道发音、语调、语速,并结合动作和神态,体会人物的心理活动。

（四）配音演练

主要内容是团队合作进行电影配音,掌握配音要求,进行实操演练,体验英语电影配音的乐趣,感受团体协作的重要性。

四、课程实施

本课程实施之前应该有所准备:提前进行年级分工和小组合作任务的分配,了解"趣配音"软件的使用方法,并精心选取简单有趣的英语电影供欣赏和模仿表演。

本课程用时 8 课时,实施方法如下:

（一）了解与欣赏

通过欣赏电影中的精彩部分,了解影视配音的基本知识,在"质感"的英语中感受体悟原汁原味的英语,慢慢养成独立思考的能力,让自己敢于大胆表达对电影的真实感悟,从真实的交流中体会语言的文化内涵。

（二）分析与学习

分析角色的动作、神情语言、感受人物的心理,了解电影的文化背景,学习以怎样的语调准确表达角色的感情,扫除语言理解上的障碍,认识中西方文化背景上的差异,学习真正地道的语言表达。

（三）模仿与练习

模仿电影台词中的语音、语调、语速,结合人物的动作和神态,体会人物的心理活动。通过有趣的模仿,在一遍又一遍的重复演练中,理解和掌握一词一句,真正融入到电影角色的表演之中,让语言表达进入到思维中。

（四）表演与展示

看着画面,对上口型,配上流利地道的英语,过程中尽力做到台词、语速、语音语调同步进行,小组成员之间团结协作,相互配合。通过展示活动,提升英语学习的观察力、想象力、创新力和意志力。

五、课程评价

本课程注重发展性评价,除关注学生的学习结果外,更要重视学生参与活动的全过程,关注学生面对挫折和人际交往方面的表现以及习惯养成等,具体评价如下:

(一)档案形成性评价

在整个沙龙学习和活动中,根据各班级按时参加活动,遵守课堂纪律;每次课后按时上交一份练习录音作品;班级小组的团结协作等表现,老师及时记录,给予适时的评价,分别标注为"优秀、良好、合格、待合格"等级,并将评价内容编辑成档,形成学生参与活动的成长档案。

(二)展示性评价

在沙龙展示活动和英语节系列活动中,老师们组织各班级表现出色的学生进行配音表演或比赛活动,并进行现场评比:

1. 评比要求

每个班级选派代表参加,电影片段的选取要富于童趣,参赛选手注意画面与声音同步,达到画面与声音一致,使表演效果真实自然。表演时间为 5 分钟左右。

2. 评比方式

由各英语教师根据参赛选手们的现场表演质量,以评价量化表的方式择优评选出"最佳语音语调"、"最佳表演团队"、"最美声音"、"英美文化小博士"等一系列的奖励。

英语趣配音比赛评价表

评 分 细 则		选手序号:_____	
	内　容	分数	评分
1	题材选择 10 分;内涵理解 10 分。	20 分	
2	配音节奏,综合语言能力,发音清晰、自然、音高合适、语言流利、感情饱满。	10 分	

评 分 细 则		选手序号：_____	
3	对剧情把握是否合理,剧中人物性格特点和心理特征是否充分,对白是否富有感情,肢体语言是否准确。	10分	
4	所选影片的难易程度。	5分	
5	配音时间为5—8分钟,合理把握时间。	5分	
合计			
备注			

电影配音课程的开设,可以丰富学生们的课外英语学习;表演展示和比赛活动的开展,可以激发每一个学生积极参与活动的兴趣。

（课程设计：滕　芳）

课程现场 4-6

乐 吟 歌 谣

适合对象：一年级

一、课程背景

儿歌童谣,是以低幼儿童为主要接受对象的具有民歌风味的简短诗歌。它是最古老也是最基本的儿童文学体裁之一,内容多反映儿童的生活情趣、生产知识等,可以帮助儿童认识自然界,认识社会生活,开发他们的智力,启迪他们的思维和想象能力,引导儿童认识世界、认识自己。

儿歌童谣词句音韵流畅,节奏轻快,易于上口,它以生动活泼的独特语言方式,迎合孩子们的口味,切入孩子的心灵,使他们的情感得到抒发,从而调节他们的情绪,使其得到愉悦的心理感受,发展思维能力和语言能力。

《语文课程标准》强调激发和培养学生对语言的兴趣,培养语感,发展思维,使他们具有适应实际需要的口语交际能力。语文课程还应重视提高审美情趣,使他们逐步形成良好的个性和健全的人格,促进德、智、体、美的和谐发展。

一年级学生刚从幼儿园进入小学,其学习环境变了,要求高了,从原来的以游戏为主转为以学习为主。孩子们一方面为进入小学高兴,充满欢喜、新奇之情,希望自己能早点学会读书、认字;另一方面,又有几分胆怯,对文字世界还十分陌生,良好的学习习惯尚未养成。这种心理和现实的反差,处理不好,会挫伤他们学习的积极性,使他们失去学习的信心。因此根据孩子的年龄特征和心理需求设置儿歌童谣,会让他们对学习充满兴趣,充满自信。

本课程的理念是:吟唱童谣,提升素养。儿歌童谣语言浅显、明快、通俗易懂、口语化、有节奏感,便于儿童吟诵。反复吟诵儿歌童谣,能帮助儿童矫正发音,正确把握概念,初步认识事物,并能培养他们的表达能力,训练和发展思维,培养和提高他们语言运用的能力。开展学习童谣、收集童谣、创作童谣等一系列自主活动,能有效培养学生的良好品行,使学生形成良好的学习习惯,提升语文素养。

二、课程目标

(一)初步了解儿歌童谣生动有趣、文字浅显、结构整齐、琅琅上口的语言特点,感受语言美、韵律美、形式美。

(二)敢于大声地诵读儿童歌谣,并能根据歌谣内容做出正确的动作反应,激发学习语文的兴趣。

(三)在诵读中启迪言语智慧,提高语言表达能力,享受童年的多彩与快乐,从而热爱祖国的语言文字,传承中华民族优秀的民俗文化。

三、课程内容

本课程以热爱诵读歌谣为主,内容分为四部分:

（一）歌谣欣赏

主要内容是通过了解中外民间儿歌童谣、同龄伙伴创作的儿歌童谣、名作家为孩子们写的儿歌童谣,了解不同时期、不同地域儿歌童谣,感受不同地方的儿歌童谣风格及特色。引导学生去认识、去发现、去辨别,从中感受其语言美、自然美、生活美。

（二）歌谣诵读

内容包含学习歌谣、理解歌谣、大家一起根据歌谣的节奏大胆诵读。学生通过诵读,活跃思想、陶冶性情、丰富知识、训练语言、提高智慧。

（三）歌谣传唱

通过相互交流,制作手抄报,出作品集,诗配画,配乐朗诵,向学校校刊、网站、报纸杂志投稿等形式,让学生品尝成功的喜悦,充分享受愉快的童年生活。

四、课程实施

本课程围绕"吟唱童谣,提升素养"这一核心理念,以优秀经典童谣为基础,有层次、有梯度地开展各项活动。整个课程共 4 个单元 8 个课时。在课程实施之前应该有所准备,老师将提前进行小组合作任务的分配,精心选取简单有趣的歌谣供欣赏和学唱。

具体实施路径与方法如下:

（一）欣赏与了解

欣赏不同类型的儿童歌谣,感受歌谣的韵律与节奏,结合生活实际了解歌谣背景,增加童谣所承载的文化厚重感,激发学唱儿童歌谣的兴趣。

（二）诵读与练习

学习歌谣，大声朗读歌谣，了解大意。通过诵读歌谣，掌握一些韵律节奏，积累一些歌谣知识。通过反复听和不断练习诵读，巩固诵读歌谣技能，感受歌谣技巧，为歌谣传唱做充分的准备。

（三）自主与合作

自主选择歌谣内容，团队一起沟通如何进行创作，在此过程中培养学生审美情趣、提高自主学习和互相沟通的能力，使学生更能明白合作的重要性，最后的歌谣展示活动能让学生产生自豪感和集体荣誉感。

（四）展示与评价

教师协助指导，让学生通过相互交流、制作手抄报、出作品集、诗配画、配乐朗诵等方式，将自己的成果展示给大家看。同时，通过多种活动给予学生肯定和激励，促使学生更好地达成课程目标。

五、课程评价

评价不仅要注重结果，更重要的是学生是否在自己原有的基础上有所提高。要充分体现儿童歌谣的语文性、可展示性等。弱化评价的甄别功能，以鼓励为主，肯定学生的进步和发展，起到反馈调节、展示激励、反思总结、积极导向的作用，更好地促进师生发展。评价应遵循以下原则：

（一）尊重差异原则

要承认学生个体间记忆思维等的差异并尊重学生差异，对不同学生提出不同的要求，确保学生诵有所得。教师要让学生学会从自己的真实感受和体会中去感受歌谣的内涵，用"心"品读，或"手把手"地示范引导，以师之声、师之情来感染学生。

（二）激励赏识原则

诵读应以兴趣为前提，评价应当突出鼓励赏识，让学生把诵读当作一件乐事，从中获得成就感。

（三）学以致用原则

歌谣读得多，灵巧的修辞，畅达的句式，铿锵的声韵，周密的谋篇，不知不觉便积累下来,成了学生能力的一部分。积累是运用的前提,在学生有了一定的积累后,我们就开展创作和传唱活动。

活动评价的角度、方式要多种多样:上课的态度、能力的发展、学习方法的掌握情况、参与度评价等都可作为评价方向,通过观察、记录和描述学生在活动过程中的表现,作为评价的基础。课程评价贯穿于儿童歌谣课程的全过程。具体评价方法如下:

（一）积分制评价

鼓励认真好学的学生,以积分作为奖励,在课堂上积极发言、认真完成任务者可获得积分。每两个课时进行一次评选。

（二）展示性评价

在每个不同环节进行一次评选,通过民主投票,评选出"最受欢迎歌谣创作""最具特色歌谣表演""最美歌谣手抄报"等,在评选比较过程中,发现和学习别人的优点和特色,反思自身的缺点与不足,共同受益,共同进步。

（三）评语性评价

记录"家长说"、"老师说"、"同学说"、"自己说"等方面的综合评价。

（四）歌谣展示评分标准

歌谣展示评分标准	
合格	1. 语言流畅,字音正确 2. 文字图画相配合 3. 语句通顺,无错别字
良好	1. 诵读流畅,字音正确,能注意节奏,声音优美 2. 图文并茂,书写工整 3. 语句通顺,无错别字,意思完整,有韵味和意趣
优秀	1. 朗读流畅,抑扬顿挫,配合动作展示,声情并茂 2. 图文完美相配,版面构思独特,书写工整,图画色彩鲜艳 3. 歌谣创作构思奇妙,语言独到,情感充沛,韵味意趣浓

（课程设计:莫汉泉）

趣 言 童 话

适合对象：三年级

一、课程背景

童话是儿童文学体裁中的一种具有浓厚幻想色彩的虚构故事作品，通过丰富的想象、幻想、夸张、象征等手段来塑造形象，反映生活的故事作品。童话不仅能引起学生的兴趣，也能让他们静下心来阅读。

童话故事在儿童阅读中有举足轻重的地位。童话中隐喻着人性的真、善、美，隐含着深刻的哲理。一个好看的童话故事有着奇妙、曲折、动人、完整、精彩的故事情节和生动、有特色的人物形象，并且蕴含着深刻的道理。那天马行空的想象，那曲折离奇的故事情节，那真善美与假丑恶的较量，那趣味盎然的动物世界，那形形色色的典型人物，无一不激励着孩子行走在阅读之路上，就如一颗颗生命的种子一样植入儿童的心田，悄无声息间为他们幼小的心灵树立了真善美的意识。只要牢牢地抓住童话故事这独特的趣味，将会把儿童一步步领入阅读的殿堂，为儿童营造一个美妙的幻想世界，对愉悦儿童的心灵、开启儿童丰富的想象力、促进儿童健全人格的形成以及培养儿童美好的情感具有重要作用，可以说，童话是一种滋养儿童精神世界独特有效的方式。

本课程的理念是：童话展童趣，童趣润童心。通过课程的学习，让学生广读童话，听、讲、演、编步步渐进，在童话天马行空的想象中愉悦自己的心灵，开启自己无尽的想象力，享受童话带来的无限乐趣。这些充满乐趣的内容同时也展现给孩子们真、善、美，促使孩子们形成健全的人格，使孩子的童年生活充满正能量。

二、课程目标

（一）了解童话奇妙、曲折、动人、完整、精彩的故事情节，品析生动、有特色的人物形象，体验和感受童话中的真、善、美，提高阅读兴趣。

（二）运用想象、幻想、夸张、象征等手法，模仿和创作属于自己的童话故事。

三、课程内容

本课程以童话阅读与创作为主，培养学生的创新能力，激发学生的潜能，让学生在充满童趣的童话阅读和创作中无拘无束地表达自己的真情实感，展现自己的童心，书写自己的童趣。具体内容分为四部分：

（一）童话欣赏

主要内容是通过聆听，了解童话的特点，感受童话创作的童真、童趣，体验和感受童话中的真、善、美，了解一些童话创作的手法，欣赏童话带来的魅力。如《园丁和主人》《顽皮的孩子》《卖火柴的小女孩》《七颗钻石》《七色花》等。

（二）童话阅读

主要内容是通过共读以及自主阅读不同类型的童话故事，掌握基本的写作手法及表现手法，感受故事情节中表露的情感，乐于大胆开口复述故事，并能按照自己的理解，声情并茂地演绎。如《聪明人》《皇帝的新装》《青蛙王子》《狼和七只小山羊》等。

（三）童话创作

主要内容是动手动笔动脑创作属于自己的童话故事，运用阅读中积累的有关写作手法和表现手法的知识，续写童话故事，如《丑小鸭后传》《拇指姑娘》等；或者自行创作情节跌宕起伏、主人公形象生动且有特色的童话故事，如《书包王国》《文具总动员》等，写出自己体会出来的道理,展现自己的奇思妙想。

（四）童话共赏

主要内容是举行童话节,以小组或班级为单位,把自己读到的好作品以及自己创作的作品通过演一演、说一说的方式与大家一起分享交流,共同遨游丰富多彩的童话世界。

四、课程实施

本课程通过图书室借阅《格林童话》、《安徒生童话》和《一千零一夜》等童话书籍,网络查阅童话相关的音像资料等多种渠道获取教学资源。实施之前应该有所准备:提前进行小组合作任务的培养,精心选取童话故事供欣赏和表演。

本课程用时 8 课时。实施路径与方法如下:

（一）创设氛围,激发兴趣;指导朗读,举办讲故事比赛

1. 同学之间相互交流介绍有趣的童话,教师适当在课堂上指导学生朗读那些语言优美、情感丰富的精彩段落。

2. 定期举办讲童话故事比赛,班级内进行小组比赛,班级间进行同年级比赛,提高学生阅读童话的积极性。

（二）引导思考、交流,领悟文学意蕴美

多种形式交流,如:同桌交流、小组交流、全班交流等。同学们在交流中,碰撞出思维的火花。在组内交流中,同学之间可以大胆提出自己的意见,群策群力地讨论;可以续编故事,看看哪个组的故事更吸引人、更精彩! 之后全班交流,在交流时引导学生学会倾听,能从同学的故事中受到启发。

（三）引导品评,品味多彩的生活美

中年级的童话教学中,可以让学生大胆地尝试写评论。品读故事中的主要人物或是精彩的故事情节,渗透"品"的方法。

师生共同阅读一篇童话故事,列出其中的人物及主要故事情节,在品人物时,抓住人物的细节描写,如:语言描写和动作描写,抓住人物情

感变化的主线去分析,学生的思维就能更加清晰。总之,在学生学习写故事评论的时候,巧妙而清晰地渗透以上方法,让学生学会品文章结构的独具匠心,品故事情节的曲折离奇,品人物的鲜活特征等等。

（四）写出富有个人特色的童话作品

教师指导,让学生相互交流,发挥想象,举行童话创作比赛,学生将自己的成果展示给大家看。

（五）动员编排童话剧,感受文学形象美

法国大思想家卢梭曾说:"经验和接触是真正的导师。"儿童对客体的认识是从实践活动开始的,在引导学生充分地学习完童话之后,让学生"演童话"。

1. 演著名的童话故事。学生通过揣摩人物的心理与语言活动,交流童话故事中的情节,把角色演活,打动观众,受到观众的喜欢。

2. 演学生自己编写的童话故事。把自己写出来的故事在舞台上具象化,让观众真切感受作者的所思所想。

五、课程评价

评价不仅要看结果,更要看学生是否在自己原有的基础上有所提高,要充分体现童话故事的语文性、可展示性等,弱化评价的甄别功能,以鼓励为主,肯定学生的进步和发展,起到反馈调节、展示激励、反思总结、积极导向的作用,更好地促进师生发展。课程评价贯穿于课程的全过程。

（一）积分制评价

鼓励认真好学的学生,以积分作为奖励,在课堂上积极发言、认真完成任务者可获得积分。每两个课时进行一次评选。

（二）展示性评价

在每个环节均进行评选,通过民主投票,评选出"讲故事大王""最具特色表演""优秀童话小作家"等,在评选比较过程中,发现和学习别人的优点和特色,反思自身的缺点与不足,共同受益,共同进步。

（三）评语性评价

记录"家长说"、"老师说"、"同学说"、"自己说"等方面的综合评价。

（课程设计：江晓婷　范子研）

课程现场 4-8

校园"十大小作家"

适合对象：五、六年级

一、课程背景

"校园十大小作家"评选活动是我校每年读书节必开展的一项活动。在孩子们的身边，每天都有无穷的事物等待他们去发现、去探索、去描述、去以自己特有的方式表达，孩子们用自己的笔记录下这点点滴滴，并将这一篇篇美文收集整理成作文集。在此基础上，通过现场作文、演讲等方式，进一步评选出能写会说的小作家。

开展校园"十大小作家"评选活动，旨在丰富校园师生的生活，营造广大学生多读书、读好书、活读书的学习氛围。此活动主要针对五、六年级的学生来开展，孩子经过前面1—4年级关于看图写话、日记、作文的积累与训练，已有一定的写作水平，并且积累了不少的文章，鼓励学生通过平时收集整理自己的作文，汇成作文册，通过文学写作、演讲等方式进行文化熏陶，完善自我，净化心灵，启迪智慧，培养爱好读书、自觉阅读的良好习惯，以养成健全的文化人格。

本课程理念是：感受生活，快乐作文。鼓励广大学生在平日里多关注生活，做生活的有心人，并通过手中的笔，真实地记录自己的生活感受和成长过程的点滴，学会写"真"作文、做"真"人，成为乐写、会写的"小作家",带动全校学生的习作水平和综合素质得到进一步提升。

二、课程目标

（一）感受生活中的点点滴滴,善于用手中的笔记录下自己的所见所闻,养成平时善于收集整理自己作文的习惯。

（二）有意识地训练在规定的时间内,围绕一主题,展开写作。

（三）在会写的基础上,还要进一步加强口头表达能力,即即兴演讲。

三、课程内容

本课程的主要内容是以在用心感受生活的基础上,记录生活中的点滴,掌握写作的技巧、方法,多写多练,提高写作能力,内容分为三部分:

（一）拓展生活,积累写作素材

寻找快乐之源:生活是作文的"源",作文是生活的再现、反映和创造。世界是精彩纷呈的,鼓励学生在平日里多关注生活,做生活的有心人,只要留心观察,善于观察,随时随处都有写作的素材。

（二）授之以渔,加强实践练笔

形成写作能力:在平时的习作教学、训练中,教师可以在写作前讲授一些写作知识、方法和技巧,使学生形成一定的理论系统,用以指导写作。引导学生通过阅读借鉴写作方法,并尝试运用于作文实践中。督促学生多积累、勤练笔,将写作方法及技巧内化为写作能力。在发现、感受的过程中,通过手中的笔,真实地记录自己的生活感受和成长过程的点滴。

（三）搭建平台,展示写作成果

体验写作之乐:优秀作文在班级门口"乐乐成长足迹"上展示;收集整理已写过的作文,汇集成作文集,并通过现场作文、演讲等比赛,享受写作的成功与快乐。

四、课程实施

本课程实施之前应该有所准备：各班语文老师对学生进行有效的作文指导，让学生养成平时收集整理作文的习惯。本课程在每学年第一学期的读书节活动中开展，实施过程如下：

（一）第一阶段：习惯养成

1. 养成爱阅读的习惯，坚持阅读；

2. 养成善于观察生活、感受生活的习惯；

3. 养成收集整理作文的习惯。

（二）第二阶段：写作积累

1. 通过作文指导课，积累写作的知识、方法和技巧，形成一定的理论系统，用以指导写作；

2. 通过大量阅读，学习写作方法，并尝试运用于作文实践中；

3. 通过写日记、周记、单元作文，积累写作内容。

（三）第三阶段：能力提升

1. 习作的类型一定要多种多样，比如片段练习、观察日记、看图作文、读书笔记、观后感、演讲稿、生活随笔等，都可以穿插练习。接触各类写作，不局限于课堂上的内容。让学生明白作文不是一项任务，而是记录自己生活、表达自己想法的一种工具。

2. 在坚持平时多写的基础上，有意识地训练在规定的时间内围绕某一主题展开写作；

3. 在能写的基础上，加强口头表达能力的训练，能说会道。

（四）第四阶段：能力展示

1. 充分发挥作文讲评课的功效。讲评课上，集体反馈，表扬优秀习作者，并让他们进行作品范读展示，指出其中好在哪里，树立榜样；

2. 定期将班级里学生的优秀作文展示在班级门口"乐乐成长足迹"；

3. 鼓励学生积极主动地参与小作家评选活动，在平时收集丰富的作品，汇集成册；

4. 现场作文高效,作文内容质量高;现场演讲自信大方,演讲内容精彩。

在本课程实施过程中要注意以下两点:一是注重学生习惯的养成。如好的阅读习惯、寻找生活中的写作素材的习惯、收集整理作品的习惯等,为以后的写作奠定一定的基础。在低年段老师就要注重这些习惯的培养,到了中高年段要强化这一习惯的养成;二是技能技巧的习得离不开亲身实践,写作方法与技巧的获得亦是如此。懂得再多再好的方法,不在实践中加以运用和练习,就不能形成和巩固技能,只能等于零。因此,教师要注重督促学生多积累素材,多动笔,有话则长,无话则短,有感而发,不无病呻吟。只要学生乐意写、天天写,就会养成良好的表达习惯,就会不断取得进步。

五、课程评价

评价要尊重和体现个体的差异,激发个体的主体精神,以促进每个个体实现其自身价值,促使学生在自己原有的基础上有所提高。本课程通过开展活动竞赛的形式来展现评价的意义。进行"秀一秀,我的作品集"、"现场作文大比拼"、"现场演讲"比赛,具体操作方法如下:

(一)"秀一秀,我的作品集"

学生收集整理自己平时所写的作文,上交一份作文选集,篇数不限,自行设计封面、板式等。从作文的数量、内容质量、设计等方面进行评比,作文集成绩为 40 分,各班对优秀小作家进行初评,评选出 5 名班级小作家,继而进行下一轮的现场作文比赛;

(二)现场作文"大比拼"

每个年级设定一主题,进行现场作文创作比赛,在 45 分钟内完成,现场作文成绩为 30 分。

(三)现场演讲"我最棒"

现场抽题演讲,演讲时间为 3 分钟内,演讲成绩为 30 分。

从上述三个方面进行考量、评比,作文选集(40分)、现场作文(30分)、演讲成绩(30分)三者成绩相加,分数前十者评选为"校园十大小作家"。

(课程设计:梁　萍)

课程现场
4-9

诵读经典之童诵经典

适合对象:一至二年级

一、课程背景

"经典"是指经久不衰的万世之作;是具有典范性、权威性的著作;是经过历史选择出来的"最有价值的书"。经典诗文历经岁月淘洗,千锤百炼,是美文中的美文,其中积淀了中华先民几千年来的价值观念、人格精神、审美意识,流淌着历代贤达志士忧国忧民的情怀和悲天悯人的精神。中国博大精深的历史文化蕴涵着中华人文精神的基因,是素质教育的宝贵资源。"诵读"是读出声音,背诵,重点在于读。诵读经典是提高学生母语素养和民族母语素质的必由之路。孩子在心灵最纯粹、吸纳力最强的年龄段,把最优美的语言文字的精华诵读得滚瓜烂熟,融化到自己的精神生命里,可以让孩子终生受益。

《语文课程标准》(2011年版)中提出"认识中华文化的丰富博大,汲取民族文化智慧","语文课程还应该通过优秀文化的熏陶感染,促进学生的和谐发展,使他们提高思想道德修养和审美情趣"的要求。可见,阅读名家名篇,诵读千古美文,一方面起到提高学生品德修养的作用,同时也承载着丰富学生语言积累,拓宽语文学习天地,提高语文素养的重任。

少年儿童正处于语言储备的最佳时期,诵读经典,让学生感受文字的节奏、音乐性和灵敏度,感悟母语之美,这是一种享受。经典文章诵读得多,精致的语言,畅达的造句,铿锵的声韵,不知不觉,就变成自己的一部分。古人说"手把卷、眼观文、口吐词、耳闻声、记从心",内化了言语的典范,累积了语言,写文章也可以引经据典。

本课程的理念是:着眼熏陶,激发兴趣。承认学生个体差异,在内容选择上,遵循从易到难、从少到多、循序渐进的发展规律,通过符合他们天性的活动形式,提高诵读经典的趣味性,变花样削减困难,让学生在整个过程中充分感受诵读经典的乐趣,坚持背诵,从而拓展他们的知识面,培养对文学的兴趣爱好,打下扎实的文学功底。

二、课程目标

(一)初步接触名家名篇,诵读千古美文,感受母语之美。

(二)内化典范的语言,累积语言,拓宽语文学习天地。

(三)文以载道,培养真性情。关注中华传统文化,增强民族的自豪感和民族凝聚力,培养仁爱同情、扬善挞恶、正直勤勉、积极向上等优秀品质。

三、课程内容

本课程以"智趣童声,诵读经典"为主题,内容主要以诗、词、童谣、美文、名言警句、谚语等为主,主题的安排与语文课本的主题基本保持一致,既是课本知识的拓展延伸,又能延续学生学习的兴趣:

(一)一年级上学期

本学期的经典诵读主题分为生活篇、景物篇和明理篇,重点诵读《三字经》,在童蒙时期,培养爱亲敬亲的孝悌意识,主动改善自己的言行,在心中种下一颗真善美的种子。

（二）一年级下学期

本学期的经典诵读主题分为多彩的春天、温馨的亲情、美丽的地球、有趣的夏天、智慧的光芒、幸福的生活、美好的品质、身边的科学八个单元，重点诵读《弟子规》，在诵读中养成良好的行为习惯与健康的价值观念。

（三）二年级上学期

本学期让学生接触《诗经》、《中华童铭》、《孝经》，节选了最经典的部分让学生诵读，读之有趣，朗朗上口，富有节奏感。在诵读中使学生了解中华民族的文化和历史，传承民族精神。

（四）二年级下学期

本学期的经典诵读主题分为春景篇、关爱篇、家乡篇、创新篇、自然篇、品质篇、思考篇、科学篇。主要诵读经典的名句、美文，题材丰富多样，符合孩子的需要，适合学生的身心特点和认知特点。

四、课程实施

本课程实施之前应该有所准备：每日早读坚持诵读。课前选取相关的吟诵音频、歌曲视频供参考学习。制作 PPT，可更直观，也可用于玩游戏阶段。本课程用时 14 课时。实施路径与方法如下：

（一）初诵感知

了解中国文化发展历程，初步感受传统文化的魅力，再通过每日三诵不断熟悉内容。

1. 晨诵：每天早读课利用 10 分钟集体诵读诗文，每周设定一定的目标。

2. 课前诵：每节课的课前三分钟，可以由老师选取内容，学生诵读；也可以让学生展示自己的诵读成果，或玩诵读接龙等游戏，提高学生的诵读兴趣，活跃课前气氛。

3. 夜诵：每天晚上回家，教师布置学生完成相应的诗文诵读内容。

4. 经典诗文的单调诵读不容易调动学生学习的积极性，为此本课程在古诗文诵读的方式上有所创新，通过各种方式激发学生诵读经典古诗文的兴趣，在此简单介绍其中的两种方式：

① 画面欣赏诵读法：古诗词韵律、意境感很强，每一首诗都是一幅画，都是一首用心吟唱的歌。因此，在古诗词诵读中，可制作生动形象的课件，把文字放在画面中，同时配以与诗境、诗情相通的背景音乐。这时的古诗词，不仅是文字，还是从视觉、听觉上同时作用于学生大脑的一个立体化的事物。这样一来，诗情、诗境在画面和音乐的作用下形象化、具体化了。学生每日早读，在音乐声中反复诵读，就会自然而然地入情、入境。

② 听读诵读法：在背诵过程中，将"听人读"与"自己背"结合起来，交替进行，通过多种感官，获得背诵效果。其程序是：一个（组）同学朗读，其余几个（组）同学静听，朗读时能不看书尽量不看，颇似电视台播音员，这样重复两次。背书时，也可以三两人一组，互读互背，相互提示，合作"经营"。这样背书，便于集中思路，同时具有提神互补、教学相长之功效。

（二）游戏巩固

"兴趣是最好的老师"，从激发学生学习兴趣着手，通过符合他们天性的活动形式，让孩子们进行复习巩固。低年级，我们更多的是采用游戏体验式，如跳皮筋背经典、跳大绳背经典、古诗文诵读拍手操、自制古诗词牌、击鼓传花、编花篮等。做游戏是孩子的天性，把古诗文诵读有机地寓于游戏之中，就能达到润物无声的效果。学生边玩边背，在乐中学，乐中背，使诵读活动增添乐趣和动力。如击鼓传花诵经典：通过击鼓传花的游戏，鼓停，花在谁手中，谁就要背诵由同学或老师指定背诵的篇目，背诵合格则过关，游戏继续，不合格则向大家朗诵一遍指定篇目。又如古诗文诵读拍手操：学生在玩拍手游戏时，"你拍一，我拍一"就变成了"人之初，性本善"，自编古诗文拍手操，在玩中学。

自创游戏与诵读相结合，提高诵读经典的趣味性，变花样削减困难。学生在整个过程中充分感受到了诵读经典的乐趣，更能坚持下去。

（三）汇报展示

经过初读、巩固阶段之后，学生可以通过汇报的方式展示成果，方式自由选择，根据自己的特长及兴趣爱好，选择童谣传唱表演、诗文配画、故事表演等活动,在汇报中再次感受经典的魅力。还可以建议家长利用假期带领孩子走出去,看看各个地方的人文景观,读读碑刻、楹联,听听地方史话、人物传记,让孩子们在广大的天地中抚古思今,以获得更直观更强烈的感受。

五、课程评价

本课程在评价方式上,更重视学生在诵读过程中的兴趣与态度,以鼓励为主,肯定学生的进步和发展,起到反馈调节、展示激励、反思总结、积极导向的作用。宜采取家长评、小组互评、教师评价相结合的方式,具体做法如下:

1. 家长闯关式评价

低年段,家长是最好的学习伙伴,让家长做热情的倾听者,更好地激发孩子诵读的热情,也起到监督作用。我们会设计活泼有趣的闯关评价表,如小猴过河、登山等形式,由家长把关,每完成一课经典美文内容的背诵,就可以跳一级,过一关跳一级,直到到达彼岸或者山顶。以闯关的形式激励学生的背诵热情,勇往直前,成功闯关,达成诵读目标。

2. 小组表格式评价

在家闯关完毕,学生就可以到学校找他的同桌或小伙伴,让小伙伴进行抽背,如果背诵流畅的话就能过关,小伙伴会在过关表格上签上过关等级及自己的名字。

3. 教师终极式评价

当孩子在家或在小组里完成闯关活动时,就可以获得"诵读闯关小能手"称号,并到老师处领奖。老师通过家委准备精美的定制奖品,例如刻有名字的钥匙扣、奖牌、奖杯等,同学们完成诵读的速度越快,奖品越精美。希望通过这种方式激励孩子们积极诵读,全班营造一种追、赶、超的氛围。

(课程设计:曾海清)

诵读经典之"甜"吟"蜜"咏

适合对象：三至四年级

一、课程背景

吟诵，是中国人对古典诗文的传统诵读方式，也是高效的文化教育和学习方法，有着两千年以上的历史，代代相传，人人皆能，在历史上起到过极其重要的社会作用，有着重大的文化价值。我们的经典课堂能够通过吟诵的方式，将汉语诗文"活态"地、生动地、有趣地展现在学生眼前，是一门有利于儿童全面发展的课程。它能开拓学生的知识视野，丰富学生的内心世界，提升学生的艺术修养。

"'甜'吟'蜜'咏"课程的实施能培养学生诵读古文、吟唱古文的能力，激发学生学习语文的兴趣，夯实学生的语文素养。

本课程的理念是：小吟诵，大世界。我们希望通过一个学期经典吟诵课程的学习，让学生初步了解吟诵，感受吟诵的魅力，爱上吟诵，爱上中华民族这种古老而又充满魅力的独一无二的读书方式，在他们幼小的心灵中播种一粒热爱祖国传统文化的种子。

二、课程目标

（一）初步了解吟诵，了解吟诵与诵读的区别。

（二）学习和掌握吟诵的基本规律，能够按照吟诵的基本规律初步学会经典的吟诵篇目。

（三）将吟诵与音乐、舞蹈等表演艺术进行初步的融合，展示吟诵的魅力。

三、课程内容

本课程以《声律启蒙》为主要的经典学习篇目,内容分为四部分:

（一）初识吟诵:吟诵的基本概况

主要内容是吟诵的概念、规则、方式、发展历史以及现状,增进学生对吟诵的认知。

（二）了解吟诵:吟诵鉴赏

主要内容是吟诵的体系、吟诵与朗诵的区别、吟诵鉴赏,培养吟诵的兴趣爱好。

（三）亲近吟诵:吟诵学习与表演

通过《声律启蒙》的吟诵学习,引导学生初步掌握吟诵的技巧和技能,以及吟诵的基本规则和方式。

（四）展示吟诵:吟诵大舞台

成立"甜吟蜜咏"吟诵社,让孩子参与《诗经·鹿鸣》吟诵节目的编排,参与舞台布景,服装,道具,化妆等每一个环节,然后通过自己的努力一步步完成《诗经·鹿鸣》吟诵节目舞台表演的创作,展示给自己的家人和观众。

四、课程实施

本课程实施之前应该有所准备:课前收集吟诵的基本资料,《声律启蒙》的吟诵音频资料,《诗经·鹿鸣》的吟诵资料,制作成 PPT,还可收集一些吟诵表演的视频资料。

本课程共 4 个篇章,用时 16 课时。具体实施安排如下:

教学篇目	教学目标	教学内容	教学方法
第一篇章：初识吟诵：吟诵的基本概况（2课时）	了解吟诵的概念、规则、方式、发展历史以及现状。	1. 吟诵常识：吟诵的基本特征、规则和分类。 2. 吟诵的发展历史及现状。	1. 讲授理论法 2. 感想讨论法
第二篇章：了解吟诵：吟诵鉴赏（2课时）	了解吟诵的体系、吟诵与朗诵的区别，初步学会吟诵鉴赏。	1. 吟诵的体系＋吟诵鉴赏(一) 2. 吟诵与朗诵的区别＋吟诵鉴赏(二)	1. 讲授理论法 2. 感想讨论法 3. 分享感受法
第三篇章：亲近吟诵：吟诵学习与表演（8课时）	通过《声律启蒙》中《一东》三节及《诗经·鹿鸣》的吟诵学习与表演，引导学生在自我实践中感受吟诵的节奏美、音律美，初步掌握吟诵"平长仄短，依字行腔"的规律。	1. 吟诵规则："平长仄短，依字行腔"训练1＋《声律启蒙》《一东》第一节； 2. 吟诵规则："平长仄短，依字行腔"训练2＋《声律启蒙》《一东》第二节； 3. 吟诵规则："平长仄短，依字行腔"训练3＋《声律启蒙》《一东》第三节； 4. 吟诵规则："平长仄短，依字行腔"训练4＋《诗经·鹿鸣》的学习。	1. 练习法 2. 模仿法 3. 分享感受法
第四篇章：展示吟诵：吟诵大舞台（4课时）	充满自信与活力地参与吟诵展示的每一环节，敢于表现自己，能说会讲，敢说、喜欢说，做到大方开朗、语言流畅、表达准确。增强合作交流的能力。	1. 能够流畅、准确地吟诵《诗经·鹿鸣》。 2. 全组分角色编排《诗经·鹿鸣》的舞台表演，以吟诵的方式呈现给观众。	1. 讨论法 2. 实践法 3. 展示法

在本课程实施过程中要注意以下两点：

一是学生是学习的主体，教师要及时发现学生的闪光点，及时鼓励。

只要学生能够通过吟诵的方式，将汉语诗文"活态"地、生动地、有趣地展现出来，都要及时给予肯定、给予鼓励。

二是科学性与趣味性相结合。

我们要遵循由简到繁，由易到难的学习规律，努力设计富有趣味性的教学方式，让学生学有所得、学有所乐，使他们喜欢吟诵、乐于吟诵。

五、课程评价

（一）评价原则

对本课程的评价主要从以下三方面进行：

1. 学习过程中的表达交流。包括大胆表明自己观点、自信展现自己等。

2. 课程活动中的参与效果。包括按照学习任务单中的要求进行赏析、练习等。

3. 团队活动中的合作分享。包括在团队活动中积极参与，在讨论中能虚心听取他人的意见，能服从分工，并能主动地帮助他人。

（二）评价方式

本课程在评价方式上，要求做到形成性评价与终结性评价相结合，自评、家长评、师评相结合。具体做法如下：

1. 参与实践活动评价（自评）：收集吟诵发展现状，你能获得几个赞？

《吟诵变形记》评价表

学生姓名	收集中国目前的吟诵发展现状	收集东南亚吟诵发展现状	收集欧洲吟诵发展现状

2. 参与课后吟诵表演练习（家长评价）：坚持吟诵练习，你能获得几个赞？

《"甜"吟"蜜"咏》评价表

学生姓名	坚持每天练习1次	一周能坚持练习2—3次	偶尔想到练习

3. 参与吟诵表演展示（自评、互评、师评）：在集体表演展示过程中，

你能获得几个赞？

《吟诵大舞台》评价表

学生姓名	服从分配	积极参与	整体效果

（课程设计：曾方君）

课程现场 4-11

诵读经典之读经典、承传统

适合对象：五至六年级

一、课程背景

中华传统文化经典，是在五千年文化的历史长河中，先人为我们留下的宝贵财富。先秦诸子，百家争鸣，树立根基，流传千古。唐诗宋词，古韵流芳，随风入夜，润物无声。中华文化，源远流长，滋养心灵，铸就民魂。经典佳作，博大精深，启迪智慧，肃正民风。从古至今，国人常以经典名篇作为精神食粮，常读常诵，汲取养分。

传统文化对学生的影响，有如春风化雨，润物无声，会在他们将来的学习生活，乃至未来的人生旅途中得以显现。因此在小学教育中，我们更要引领学生走进经典，诵读经典。"一把黄土，塑成千万个你我，静脉是长城，动脉是黄河，五千年的文化，是声声不息的脉搏……"让我们与学生一起感受文化脉搏，用心吟诵经典；让我们的学生在名篇佳作的滋养中健康成长；让中华传统文化与民族精神植根在每个炎黄子孙的心田。

本课程以"读中华经典,做书香少年"为理念,为方便学生诵读,特拟定由语文老师根据学生学力水平,精心编选各学期的经典诵读内容,开设经典诵读校本课程,与教材课程内容相辅相成,希望能推进学生传统文化教育的发展。

二、课程目标

(一)诵读经典,感受古典文化的音韵之美,开发潜能,启迪智慧,积累语言,在日常习作中学习和借鉴经典古诗文中真挚的情感表达。

(二)开拓视野,陶冶情操,传承中华民族优秀文化和精神,树立道德规范,培养健康人格。

三、课程内容

本课程针对高年段学生的特点,并结合各年级语文课程安排,有针对性地选择整理相关的古诗词、名言警句、美文等。内容文质兼美,适合朗读,题材丰富多样,适合学生的身心特点和认知特点,循序渐进,难度适当。它既是课本知识的拓展延伸,又能激发学生学习的兴趣。

(一)五年级上学期

围绕读书、思乡、生活的启示、汉字、父母之爱、爱国、一代伟人——毛泽东等主题选择内容。

(二)五年级下学期

以走进西部、永远的童年、语文的艺术、中国古典名著——四大名著、文化苦旅等主题为内容。

(三)六年级上学期

围绕走进大自然、中华美德、保护环境、爱护民魂——鲁迅、爱护动物、中外艺术等主题开发诵读内容。

(四)六年级下学期

按照传统节日、景物、送别、爱国励志、哲理、国学经典精选等主题编排内容。

四、课程实施

本课程共计72课时,每天利用三个时间段,分别采取不同形式的诵读,以达到良好的诵读效果。

（一）确定诵读时间

1. 每天利用早读10分钟晨读经典。通过长期的读诵,养成良好的诵读习惯。课前根据相关的诵读内容,老师要进行充分的准备,比如上网下载相关的诵读、歌曲等音像资料,对经典的阐释资料,与经典诵读内容相对应的历史故事或现实生活中的事例等等。

2. 每天利用语文课课前两分钟时间,诵读当天内容,不仅可以起到巩固知识的作用,还可以整顿好课堂纪律,为一节课的开始做好准备。

3. 每天晚上利用10分钟时间进行亲子诵读。家长和孩子一起诵读经典,不仅可以提高学生的诵读兴趣,还可以提升家长的素质。亲子之间互相促进,互相欣赏,在浓浓的亲情氛围中促进家庭关系的和谐发展。

（二）教授诵读方法

1. 熟读成诵法。古人云:"书读百遍,其义自见",就是强调让学生多读,可指导学生朗朗出声地诵读,低唱慢吟地诵读,也可"不求甚解"地诵读,在读中整体感知,在读中有所感悟,在读中培养语感,在读中受到情感的熏陶。读多了,自然成诵。如读国学经典,就可以采用这种方法。首先是指导学生多读,反复地读,要读出诗的节奏和重音。通过多读,在理解诗意的基础上熟读成诵。

2. 唱读法。许多脍炙人口的诗词曲赋,不仅语言美,意境美,而且音韵婉转,具有古典韵味,深受人们的喜爱,而广为流传。如唐诗、宋词、元曲等,都可以进行唱读,在唱读的基础上成诵。

3. 配乐诵读法。情境的创设,有利于激发学生诵读的兴趣。在指导学生诵读古诗时,可以通过配乐诵读,为他们创设一种诵读的氛围,引导他们入情入境。如,近代经典散文,散文诗,近现代诗都可以配乐诵读,形成意境,形成特有的心理氛围,从而促进学生有感情地诵读。

4. 画面诵读法:古诗词韵律、意境感很强,每一首诗都是一幅画,都是一首用心吟唱的歌。人们常会被"诗情画意"所陶醉。因此,在古诗词诵读中,我们不再单纯地向学生呈现文字,而是制作生动形象的课件,把文字放在画面中,同时配以与诗境、诗情相通的背景音乐。这时的古诗词,不只是文字,而是从视觉、听觉上同时作用于学生大脑的一个立体化的事物。这样一来,诗情、诗境在画面和音乐的作用下形象化、具体化了。学生每日早读,在音乐声中反复诵读,就会自然而然地入情、入境。

5. 听读诵读法:在背诵过程中,将"听人读"与"自己背"结合起来,交替进行,通过多种感官,获得背诵效果。这种方法的理论基础是巴甫洛夫的条件反射学说。其程序是:一个同学(组)朗读,其余几个同学(组)静听,朗读时能不看书尽量不看,颇似电视台播音员。这样轮回两次(有时只要一次,有时稍多,视教材实际)。背书时,也可以三两人一组,互读互背,相互提示,合作"经营"。这样背书,便于思路集中,同时具有提神互补、教学相长之功效。

(三)汇报展示

根据自己的特长及兴趣爱好,自由选择展示方式,如传唱表演、背诵擂台、诵读展示等,让学生在汇报中再次感受经典的魅力。

五、课程评价

为了更好地促进学生的诵读,从个人、小组、班级、家庭等多个方面进行评价。

1. 个人闯关式评价

背诵1篇,得一星,累计所得星数,为本学期所得级别。50星以上获得"五星级经典诵读小达人"称号;40星以上获得"四星级经典诵读小达人"称号;30星以上获得"三星级经典诵读小达人"称号。

2. 小组竞赛评价

以小组为单位,每周不定期进行以小组为单位的汇报检查,能够通过,得一颗星,每月评选出获星最多的小组,获得"经典诵读优秀小组"称号。

3. 班级竞赛评价

每学期进行一次试卷问答,评出一个"经典诵读优秀班级"。

4. 经典诵读优秀家庭评比

亲子诵读记录表

学生姓名 (家长)	诵读内容	诵读时间	家长签名 (孩子)

每周一检查,能够坚持诵读的家庭得五颗星,每月一总结,评出若干"经典诵读优秀家庭"。

(课程设计:王子鹰)

课程现场
4－12

普通话与口才(一二年级)

适合对象:一至二年级

一、课程背景

普通话与口才是一门以发音技巧和丰富的语言艺术来帮助学生发

音、正音、吐字、用气、讲故事、朗诵和演讲的新兴课程。本课程采用教室与舞台相结合,集体与个人相结合的教学方式,为每个孩子提供锻炼和实践的机会,使孩子克服胆怯心理,增强自信心。

在教学中,选择在有声语言艺术及口语表达传统教学体系的层面上,结合学生的成长阶段和接受特点,将有声语言艺术学的基础内容,如:声韵调的规范性、正音正字的严谨性、吐字归音的科学性、口腔控制的过程性、共鸣控制的协调性、气息控制的功能性等分别融入到具体的文字体裁、案例之中来体现,以培养和发展孩子们的记忆、思维、想象力等智力因素,令学生的语言表达能力、思维应变能力、礼仪、气质、谈吐、自信心等各方面的素质得到全面发展与提升。

本课程的理念是:感受语言音韵之美,体验语言交流之趣。普通话不标准,口头表达能力欠佳影响孩子的性格塑造,使孩子容易形成孤僻、内向、自卑的心理,或是调皮捣蛋,不受集体欢迎,从而影响孩子的学习和进一步的发展。因此,从小培养孩子的口头表达能力非常必要。通过此课程,增强孩子的口头表达能力,提高孩子的反应能力,培养孩子良好的学习习惯和活泼开朗的性格。帮助孩子增强自信、培养组织协调能力。孩子经过系统、专业的口才课程训练后,自信心和表达能力增强,性格也会变得活泼开朗,有良好的学习和生活习惯,从而更好地适应学习和生活。

二、课程目标

(一)初步了解、熟悉、听懂、学好普通话,对语言艺术产生兴趣。

(二)乐于与人交谈,体验语言交流的乐趣,注意倾听对方讲话。使用适当的、礼貌的语言交往。

(三)经历语言表达的过程,克服紧张情绪,体现体态优美、举止优雅的基本要求,增强语言表达的意识和自信心。

三、课程内容

本课程的主要内容是以声韵母作为学生的认知主线,围绕声韵母展开有声语言艺术学基础内容的学习,内容分为四部分:

(一)口部肌肉灵活性训练

口部肌肉训练包括口操、唇操、舌头操。通过口部操训练,增强发音器官的协调性和灵活性,同时可以帮助感知普通话声、韵、调各要素的发音要领,达到灵活、畅顺、准确、自然的普通话应用效果。

(二)气息控制功能性训练

只是声带发出声音是不够的,想要嗓音富于弹性、耐久,需要的是源源不断供给声带气流。一些气息控制的方法,帮助学生控制气流,进而控制声音。

(三)正音识字标准性训练

包括训练声母和韵母的发音,由不同的发音部位和发音方法决定。通过朗读声母韵母调值、单字词、双音节词、四音节词;朗读古诗、绕口令、诗歌来训练。

(四)即兴口语基础训练

主要是通过自我介绍来训练公共礼仪和表达。

四、课程实施

本课程实施之前应该有所准备:分组安排位置,座位便于站立,留有表演的空间;准备好课件,配有音乐和朗读训练内容。每学年为一个教学周期,上期 16 课时,下期 16 课时,共 32 课时。每周一课时,每课时 40 分钟。实施路径与方法如下:

(一)观摩与鉴赏

观摩优秀的演讲作品能够提高学生的审美情趣,通过观摩能够产生情感波动,让学生畅谈感受,学会鉴赏,激发兴趣。

（二）模仿与练习

老师讲解一些上台、发声、肢体语言等技巧，学生通过模仿，渐渐积累自己的心得。通过不断练习巩固技能，为朗诵演讲打下扎实基础。

（三）自主与合作

自主选择自我介绍、绕口令、古诗词或诗歌，自主排练，主动、充满自信与活力地参与展示，敢于表现自己，让学生充满主人翁意识，并在此过程中培养审美情趣和自主学习的能力。通过小组内合作交流，让学生明白团结合作的重要性，增强合作交流的能力。

在本课程实施过程中要注意以下两点：

一是学生实践体验与教师点拨指导结合。教学活动中，教师的主要任务是给予指导和帮助。教师的作用贯穿于整个活动过程。如：学生实践前的示范，实践过程中的点拨与启发，实践后的拓展与延伸。学生在活动中应获得较大的自主权，最大程度地发挥学生自己的主观能动性。

二是科学性与趣味性相结合。在教学活动实施过程中，要针对学生年龄及心理特点，以形象、具体、生动、活泼的形式开展活动，努力设计富有趣味性的教学方式，让学生学有所得、学有所乐，使他们在愉快的氛围中增长知识与才干。

五、课程评价

课程评价贯穿于教学活动的全过程。

（一）积分制评价

鼓励认真好学的学生，以积分作为奖励，在课堂上认真模仿学习、积极参加训练、大胆上台展示者可获得积分。每一课时进行一次评选。

（二）展示性评价

1. "站姿"我最棒：要求身板挺直，双腿绷直，精神抖擞。

2. "口部操"领操员评比：每一次课四个孩子参与领操，分别评出"金牌领操员""银牌领操员""铜牌领操员"。

3. "绕口令"大比拼：说得最快最清楚的学生被评为"绕口令"大王。

4. 朗诵比赛：让学生在最后一节课进行展示，主要从站姿、精神面貌；语言表达是否清晰；表达的情绪等多方面进行打分。

（课程设计：梁　萍　江晓婷）

普通话与口才（三年级）

适合对象：三年级

一、课程背景

三年级学生经历了一二年级的识字阶段，有更多的想法想要表达，是学生语言表达能力训练的最佳时机。本课程开设有助于学生的语言逻辑与思维逻辑的训练，进一步提高儿童的口头表达能力。同时口才与作文相辅相成，紧密关联，口才的历练在于直面的表达，而作文更在于文字的亲切表现。所以加强三年级学生普通话与口才的训练，也能侧面帮助学生提高写作能力和语文素养。

本课程以普通话为基础，以发声训练、气息练习、口部操为辅助，以训练儿童大胆上台、敢于表现为目的，根据儿童的生理特点及认知特点，以发音练习、绕口令、儿歌、相声表演、诗歌朗诵、活动主持、趣味演讲等练习形式来综合提高少儿组织语言、口头表达的能力，并借此培养孩子们积极健康、乐观向上的良好学习习惯。

本课程的理念是：善用说话技巧，轻松开口展现自信。现在的孩子不喜欢说，怕自己说不好，这是语言表达能力欠缺的表现，孩子容易变得孤僻、不自信。通过系统的教学方法，加强训练，让孩子能在上台或与人交流时，做到仪态大方、语言流利；使孩子的自信心和表达欲望增强，同时激发学生应变能力,使孩子的心理素质得到全面提升。

二、课程目标

(一)训练学生的语音,用标准的普通话进行表达和交流;

(二)训练学生的表达能力,将内心的想法准确表达出来,加强人际交流;

(三)提高学生写作能力。

三、课程内容

本课程通过增强学生有声语言以及口才训练的实践能力,使学生能够熟练地掌握语言表达与口语交际的基本技巧和规律,迅速纠正日常发声、表达中存在的问题,掌握和运用科学发声方法,提高理解能力和表达能力。

内容分为四个模块:

(一)语言表达基本功训练

1. 口部操训练

通过喷、咧、撇、绕、顶等训练,增强口部肌肉的力量。

2. 呼吸训练

慢慢将两肋打开,然后匀速吸气至肺底,中途可适当换气、补气;腹壁要挺直、站定,并保证吐字颗粒饱满均匀,高音、力度一致,完成数葫芦练习——一口气数不了二十四个葫芦:一个葫芦两块瓢,两个葫芦四块瓢,三个葫芦六块瓢,四个葫芦八块瓢,五个葫芦十块瓢,六个葫芦十二块瓢,七个葫芦十四块瓢,八个葫芦十六块瓢,九个葫芦十八块瓢,十个葫芦二十块瓢,十一个葫芦二十二块瓢,十二个葫芦二十四块瓢。

3. 公众礼仪训练

训练学生的走姿、站姿,上下场走路挺胸抬头,演讲时落落大方。

(二)现代汉语普通话语音训练

1. 声母、韵母、调值的规范发音

每节课通过复习2—3个声母、3—4个韵母,并选取具有该声韵母的词语进行朗读、对比辨析,以规范声母、韵母、调值的发音。

2. 绕口令训练

主要以儿歌、绕口令、诗歌等形式提高学生的口语基本功。练习时,应特别注意字音质量。要把音发准,劲使稳,打开韵腹,利索收音,做到吐字准确、清晰、圆润。然后由慢到快,逐渐加速,可按音、字、词、句、段五步练习法循序渐进。

(三)语言表达专项训练:相声、笑话、对口词

通过表演相声《超级主持人》、《地理图》、《大和小》、《吹牛》、《报菜名》,笑话《文庙》、《鹦鹉》、《打油诗》,对口词《顾客至上》、《我的南方和北方》、《我爱你,中国》这些练习,训练学生的逻辑思维。

(四)即兴口语表达思维训练

主要通过看图说话、创编故事、读故事谈感想、用自己的话复述故事等方式,提高语言表达能力和想象能力。

四、课程实施

本课程通过解读教材、多媒体课件、音像资料等多种渠道获取教学资源,以一学年为一个教学周期,上学期 16 课时,下学期 16 课时,共 32 课时,每周 1 课时,每课时 40 分钟,实施的教学方法如下:

(一)讲解示范法

老师通过示范、讲解,让学生了解上台的发声、肢体语言等表达技巧,让学生获得直观形象的感受。

(二)模仿练习法

通过播放精彩的青少年演讲视频,为学生树立榜样,消除学生心中认为语言艺术高不可攀的心理障碍。学生通过感知模仿演讲者的动作、神态、语气、语速等,在反复练习中掌握技巧,力争在模仿中超越被模仿者。以此激发学生参与演讲的积极性,并为自己的目标努力。

(三)即兴创编法

根据教材里给出的指定图画,让学生在指定时间内,通过观察图片,

抓住重点,展开想象,创编既丰富精彩的故事,并上台演讲。以此锻炼学生胆量,增强学生的语言表达能力。

（四）角色扮演法

角色扮演法,就是通过观看视频,扮演作品中的不同人物,选择情节曲折、人物性格鲜明的小说、戏剧进行练习。天长日久,学生的口语能力会得到提高,而且会增加词汇量,增长文学知识。

（五）小组合作法

小组合作法,一般以2—4人为一组,这样小组之间相互合作鼓励,取长补短,一些不肯张嘴读书、不敢上台演讲的孩子,在组员的帮助下与组间的竞争下,努力把字音读准、读清楚,在台上变得勇敢自信,也进一步激发了孩子的演讲兴趣。

五、课程评价

本课程在评价方式上,宜采取学生自评、小组互评、教师评价相结合的方式,具体评价内容如下:

1. "小小朗诵家"评比

"小小朗诵家"评比要求为：普通话标准,吐字清晰,声音洪亮,正确把握朗诵节奏;精神饱满,站姿得体大方;感情饱满真挚,能正确把握朗诵内容,声情并茂,朗诵富有韵味和表现力,能与观众产生共鸣。

2. "最佳组合"评比

演技细腻,能生动地表现剧中人物性格,表情丰富,语言生动,语气多变,眼神动作到位,演出十分投入;演员丝毫没有出现对白动作遗忘的迹象,表达自然流畅;各演员之间配合默契。

3. 勇夺课堂标兵

鼓励认真好学的学生,以积分作为奖励,在课堂上认真模仿学习、积极参加训练、大胆上台展示者可获得贴纸积分。每一课时进行一次评选。

（课程设计：黄秋媚　陈琦敏）

第五章

E：运动与健康课程

身体是灵魂的住所。只有具有健康心灵、具有强健体魄，拥有坚强意志力，充满生机与活力的民族，才是一个生命力旺盛的民族！要形成文明的精神，必先磨炼其强健的体魄。体育运动能激发隐藏的人格魄力，能传达善良的情感共鸣，传递着目标达成中执着追求、永不言败的坚定信念。因此，运动与健康课程对学生的健康成长以及整个社会的进步都有着积极而深远的意义。

我运动

我开心

我健康

我快乐

生命在于运动

跑跳竞赛中充满活力

运动带来健康

开启精彩生活的动力

让我们一起走进 E 课程

感受运动与健康的活力吧

    法国思想家伏尔泰提出:"生命在于运动。"只有拥有健康的身躯、强健的体魄和聪慧的头脑,人类才能完善自身的道德修养,才会具有更高的创造力,才能担当起个人、家庭、社会以及国家的责任,使社会繁荣、国家昌盛。因此,健康的身体是实践道德的基础,也是进行科学研究的基础。

    "运动与健康"课程是以提高学生身心健康与体育运动素养为宗旨的校本课程。"运动与健康"课程的设置旨在深入开展"阳光体育"活动,活跃健康校园生活,树立"我运动、我健康、我快乐"的体育文化理念;发展学生素质,张扬学生个性;培养学生自信、勇敢、公平竞争、团队合作的精神。通过丰富多彩的体育项目、趣味运动与竞技活动等课程内容的开设,提高学生参加体育锻炼的兴趣,提升学生运动与健康的知识和技能,锻炼学生的体能,强健学生的体魄,磨炼学生的意志,促进学生的运动技能全面发展。

"运动与健康"课程分为基础课程、活力体育节课程、竞技类课程和趣味运动课程。每类课程所包含的子课程内容都考虑了不同年段学生的年龄特征、生理特点。每个子课程都分为六个年级,层层递进,针对不同年级开设了不同形式的活动。

　　基础课程主要按国家体育课程标准开足、开好体育与健康课,是体育教学的基本组织形式。学生通过体育与健康课的教学了解体育与保健的基础知识,掌握基本技术,形成基本技能,提高运动技术水平。

　　活力体育节课程内容包括"乐乐田径运动会"课程、亲子趣味运动课程、班旗和会徽设计课程、自编操和柔韧操课程。一年一度的活力体育节课程中,孩子、老师和家长齐出动,让孩子经历过程,收获快乐的体验,锻炼学生的意志,增强师生、亲子感情,培养团队合作精神。

　　竞技类课程包括羽球飞扬课程、乒球跳跃课程、快乐足球课程、卧虎藏龙田径课程等子课程。主要让学生通过课程,掌握田径竞赛类项目和各种球类运动的基本方法及技能,掌握各种比赛规程,提高田径和各种球类的竞赛能力。

　　趣味运动课程包括"拳力以赴"武术课程、快乐轮滑课程等子课程,课程内容充满趣味性。通过武术课程增强学生的体质和体能,锻炼学生的坚强意志;学生在轮滑课程中增强了身体的平衡能力和协调性,感受快速飞翔的快乐。

　　我们通过每年12月举办的"乐乐体育节"来实施活力体育节课程,学生、老师、家长齐参与,从设计每班的特色班旗和会徽到最后精彩亮相;从田径比赛项目的报名、竞选到最后田径场上的奋力拼搏;从自编操和柔韧操的编排、训练到最后整个年级的同场展示;从亲子趣味运动的设计、训练到最后的亲子同乐,每项活动都是孩子们最开心的体验,家长和老师都全力以赴,配合孩子们的活动。

　　我们通过专项队训练来开展羽球飞扬课程和卧虎藏龙田径课程,经过几年的实施与调整,形成了长期、规范、系统的课程体系。课程实施效果非常显著,我校是广州市羽毛球特色项目学校,在每年的区、市羽毛球比赛中,我校羽毛球队荣获许多个人奖和团体奖。

　　我们通过每周一节的微笑社团课开设乒球跳跃课程、快乐足球课程、"拳力以赴"武术课程、快乐轮滑课程。课程内容丰富,形式多样,深受学生喜爱。"拳力以赴"武术课程的教学成果多次在学校大型汇演中展示,并在黄埔区小学生武术竞赛中崭露头角。

在全面培养学生核心素养的今天，体育运动肩负着培养健康人的任务，为全人教育奠基。"运动与健康"课程的开设与有效实施，能激发学生的运动兴趣，提升学生的运动技能，促进学生的体能发展，磨炼学生的意志品质，为学生健康自主发展和形成创造性的实践才能奠定良好的基础。

生命在于运动，运动使人健康。才艺多元、活力飞扬的"微笑学子"们，尽情地绽放快乐运动的活力，尽情享受"阳光体育"的乐趣，强健你们的身躯，增强你们的体魄吧！

（撰稿　丘文梅）

亲子趣味运动会

适合对象：三至四年级

一、课程背景

趣味运动会是运动会的延伸。传统的运动项目中，大多都以竞技为目的，对参与者的体能与技巧要求特别高，需要长时间的训练，才能掌握一定的技巧，这只能适合少数经常参加体育训练的运动者，不适合全民运动。而趣味运动会则是适合多数人群参加的一项健康运动。

为进一步推进素质教育的实施，提高广大学生体质，让学生在情趣盎然的活动中锻炼身体，陶冶情操，发挥智力和个性特点，创设文明、健康、活泼、和谐的校园文化生活，展现新时代小学生形象，并培养团队合作精神，用健康的身体投身于学习之中，特设此亲子、趣味运动课程。希望通过课程带动学生主动锻炼，提高整体素质，增进各班级同学之间的交流，让每一个学生都能感受到运动的快乐。

本课程理念是：我运动，我快乐。孩子们，让我们动起来吧！虽然不是人人都能成为专业运动员，但每个人都可以享受运动带来的乐趣。

二、课程目标

（一）掌握亲子趣味运动会的方法与规则，激发儿童参加体育活动的兴趣。

（二）体验亲子趣味运动的乐趣，感受运动的快乐。

（三）感悟亲子之间的互动，让他们在互动中拉近距离。

三、课程内容

趣味运动会比赛项目充满了趣味性,它的比赛规则和内容简单,比较容易上手,深受广大学生的喜爱。

(一)双人运球

(二)穿衣戴帽

(三)穿越障碍

(四)两人三足

四、课程实施

本课程实施之前的准备:老师准备好上课所需的场地与器材,认真做好有趣的教学设计。本课程针对3—4年级,4个项目,用时4课时。具体实施安排如下:

(一)第1课时:双人运球

参赛人数:32人。方法:将班级学生分两队,相隔28米对面站立。比赛前,两人背靠背站在端线后面,将球置于两背之间。比赛开始,队员从一端迅速出发,将球运送给对面同伴。依次同样方法进行,直至全班完成,先完成班级获胜。

规则:

1. 运球者手不能碰到球。

2. 球掉地后,必须原地捡球,从掉球点继续出发。

3. 运球交接时,必须位于端线后面

(二)第2课时:穿衣戴帽

参赛人数:30人。方法:比赛前,各队成一路纵队站在起跑线后,前面10米、15米、20米处各放一个呼啦圈。比赛开始,各队第一人跑出,将呼啦圈依次穿过后,到达标志物处进行自垫拍球3次,然后直线跑返回击掌(不需穿呼啦圈),下一个出发者即可出发。依次进行,完成时间短的队为胜。

规则：

1. 10 米、15 米、20 米处的呼啦圈，必须全部穿过。

2. 到达标志物时自垫拍球 3 次，需超过头顶。

3. 接力时必须等前一个同学跨越端线后方可出发。

（三）第 3 课时：穿越障碍

参赛人数：36 人。方法：两呼啦圈相距 14 米，之间设有 5 个障碍物，班级学生分相同两组站在呼啦圈后面。比赛开始，一端学生从呼啦圈中单脚运出球，途中"S"形绕过障碍物，将球运进另一个呼啦圈后，对面同伴开始出发重复以上运球进程。比赛以迎面接力的形式，用时少者获胜。

规则：

1. 球必须用脚运进呼啦圈里面后，同伴方可出发。

2. 运球必须为"S"形过障碍，遗漏一个障碍物加时 5 秒。

（四）第 4 课时：两人三足

参赛人数：36 人。方法：比赛以接力的形式进行。比赛之前，学生两人一组，将绳子绑在异侧脚上，分 15 米端线后两侧准备好。比赛开始，两人迅速从一端出发，到达对面端线与同伴击掌后方可出发。

规则：

1. 听裁判口令出发，出发之前不可越过端线。

2. 一端队员越过对面线以后完成击掌，对面队员方可出发。

3. 中途绑绳断开，需绑好再出发。

4. 违反规则一次，加 3 秒。

五、课程评价

活泼有趣的运动项目对学生的吸引力远远超过传统运动。新兴的趣味运动项目具有娱乐性强、动作易学、场地器材简单等特点，在运动会上设置这样的运动项目，既有利于新兴运动项目的传播和发展，又有利于培养学生的创新精神和实践能力,更为学生终身体育意识和习惯打下基础。

亲子趣味运动课程评价是以一定的方法、途径对课程的目标、实施和结果等有关的价值和特点做出判断的过程。

亲子趣味运动课程评价采取比赛积分制的方式。举办亲子趣味运动会,分水平进行比赛,以班级为参赛单位,各班自行挑选参赛队员,比赛规则以各个项目的规则为准。每个项目决胜出冠军、亚军、季军,积分分别为 10 分、5 分、3 分。以总积分排名决胜出集体前八名。

(课程设计:陈风涛)

课程现场 5-2

班旗、会徽设计

适合对象:三至六年级

一、课程背景

班旗和会徽正如一个国家的国旗和国徽一样,是学校大型活动和班级特有的标志,其所代表的意义是多样的,可以体现每个班的精神面貌和其独特的风格特点。

"乐乐体育节"是广州开发区第二小学的特色节日,在体育节中,会开展一系列的活动和比赛,其中,班旗和会徽设计活动是其中的一项。此次活动为学生和班级提供一个展示个人和班级风采的平台,让每个班级独特的创意通过班旗和会徽得到充分展现。

本课程的理念是:风格多样、别出心裁,旨在增强我校学术气氛,激发学生的创新意识,为学生提供一个展示自己的平台。

二、课程目标

（一）初步了解设计规则，掌握设计技巧和方法，完成班旗和会徽设计，培养兴趣，丰富业余生活。

（二）通过班旗和会徽设计比赛，提高欣赏能力，丰富校园文化氛围。

（三）通过人人参与班旗和会徽设计，培养班级荣誉感和团结协作意识。

三、课程内容

本课程以"班旗和会徽"设计为主题，内容分为两个板块：

（一）活动前期准备和宣传

引导学生主动搜集资料，了解班旗和会徽对于一个大型活动和一个班级的意义，激发学生的创作兴趣，动员学生积极参与。

（二）成果收集和评选

学生的成果展示，亲手制作班旗和会徽。先进行年级班旗和会徽评选比赛，再进行全校性的班旗和会徽评选活动。

四、课程实施

本课程实施之前应该有所准备：营造团结友爱的班级气氛和班级文化，营造良好的校园气氛，丰富校园文化。

本课程用时8课时。具体实施过程如下：

（一）准备阶段

召开会议，商讨活动具体进行的流程。进行宣传动员工作，召开赛前宣传动员大会，争取大部分学生积极参加；印发比赛流程，介绍比赛环节；做好相关准备工作及评选工作。

（二）宣传阶段

组织各班班长、宣传委员参加关于本次"乐乐体育节——班旗和会徽"设计比赛宣传会议。要求各班同学自主设计一面班旗和一个会徽，并且要把设计理念融入"乐乐体育节"里。设计完成后需要介绍设计的过程及意义所在。

（三）收集阶段

在规定时间前，把作品上交到各班班主任处，要求班旗和会徽用图画形式表达出来并上交，最后附上一份介绍其意义的书稿。

（四）评选阶段

先进行班级评价，由各班班主任和美术老师进行评选，初步评选出优胜作品。再进行校级评价，通过班主任推荐，每班的优胜作品参加校级评比。

（五）自主与合作

本次比赛可自主参赛，也可小组合作，围绕"乐乐体育节"这个主题进行制作，让同学们的思路更加开阔，激发更多的灵感。

五、课程评价

老师鼓励学生积极参与，并注意收集整理作品，评选出班级的优秀作品，推荐参加校级"乐乐体育节"的班旗和会徽评比。评选制具体做法如下：

（一）最具创意奖

作品贴合主题，有创意，想法新颖，与众不同。色彩的运用与搭配鲜明。

（二）最具内涵奖

作品所表达的内涵与大会的主题相照应，既达到大会要求又能体现出本班的风格。

（三）最佳表现奖

作品主题鲜明，色彩明亮，并体现出小组合作精神。

（课程设计：莫志敏）

快 乐 轮 滑

适合对象：三至四年级

一、课程背景

新一轮的课程改革给了每个教师和学生新的体验，同时也对体育课程培养学生创新实践能力提出了更高的要求，并把促进学生全面发展和健康成长作为学校体育课程的根本目的，把激发运动兴趣，培养学生终身体育锻炼的意识，关注个体差异与不同需求，确保每一个学生受益作为新课程要实现的重要任务。作为体育课的延伸与辅助的轮滑校本课程，是根据我校的教学实际，通过教编、整合、补充、拓展，对原有教材的消化与加工，更能培养学生的兴趣与特长，充分挖掘我校学生在运动竞技与特长方面的潜力，为以后的体育锻炼与训练打下良好的基础，并充分发挥学生的学习积极性，提高学生的自主学习能力。

轮滑运动是穿着特制轮滑鞋在平整的场地进行滑行的一项体育运动，轮滑运动分为速度轮滑、花样轮滑、轮滑球三个项目。校本课主要针对速度轮滑、花样轮滑中的自由式平地花式绕桩进行教学。速度轮滑是速度和力量的结合，自由式平地花式绕桩是音乐、舞蹈、技术的融合体，具有很高的观赏性。轮滑体育运动主要训练学生身体的协调性、灵敏度、平衡性等，从简到繁、从易到难，循序渐进地使学生掌握轮滑运动的技巧，帮助他们建立自信，树立集体意识，培养坚韧精神。

本课程理念是：逆风飞翔，快乐轮滑。轮滑是一项深受广大少年儿童喜爱的休闲娱乐活动，它在全面发展学生的身体素质，提高动作的协调性和灵活性等方面,都具有显著的作用。我校地处开发区西区,学校活动场地大,超过一半已经硬化,已具备轮滑训练条件。以轮滑学习为载体开展专题教育教学活动,为深入挖掘学生的潜力提供更多的可能。

二、课程目标

(一)了解轮滑运动的发展史,明白轮滑运动的三大分支,掌握速度轮滑及自由式平地花式绕桩部分动作的技巧。

(二)通过轮滑课的训练,学会轮滑鞋、护具、头盔的正常穿戴;滑行技巧在速度轮滑和自由式平地花式绕桩中的运用;对于紧急情况的处理方法,增强体质。

(三)通过轮滑课的训练,培养集体意识,加强互动交流;敢于展示自己,形成积极进取、团结协作的良好生活作风。

三、课程内容

本课程以"快乐运动,激情竞技"为主题,内容分为五个部分:

(一)轮滑基础理论知识

1. 轮滑运动的发展史。

2. 选择合格轮滑装备的方法。

3. 轮滑运动装备的穿戴方法。

(二)轮滑运动基础滑行技巧

1. 便鞋对轮滑运动的基础滑行技巧学习,如静蹲、原地踏脚、点脚、抬脚、移动重心。

2. 换轮滑鞋后轮滑运动基础滑行技巧学习。

3. 踏脚前行。

4. 侧蹬。

5. 滑行中的侧蹬运用。

（三）速度轮滑

1. 便鞋原地摆臂技巧训练。

2. 便鞋原地侧蹬和摆臂结合训练。

3. 穿轮滑装备滑行中摆臂训练。

4. 滑行中侧蹬摆臂结合训练。

5. 弯道加速。

6. 大综合速度提升训练。

7. T刹。

（四）自由式平地花式绕桩

1. 双鱼。

2. 正蛇。

3. 正交叉。

四、课程实施

本课程实施之前应该有所准备：精心备课，与家长进行前期的轮滑用品协调，要购买齐全的、质量上乘的轮滑鞋具和轮滑安全工具。要对学生做好安全教育工作，教导穿鞋方法以及滑行时需要注意的纪律和规则。本课程用时8课时。实施路径与方法如下：

（一）采取教师辅助与学生自主管理相结合的管理方式

课程开设之初由教师进行管理，慢慢过渡为由学生进行自主管理，主要负责点名、维持纪律、打扫卫生，最终达到自我约束和管理。

（二）教师授课采取示范与学生模范、练习相结合

教师对学生的轮滑姿势及时指导，帮助学生掌握一定的轮滑技巧和基本要领。

（三）学生学习行为采取合作与欣赏相结合

学生要有欣赏轮滑比赛的能力，在观摩比赛中提高自身的轮滑技巧；通过组间比赛教会学生学会合作。

（四）以榜样示范作为学生学习花样轮滑的动力和主要途径

积极表扬认真刻苦的队员，多开展展示课，激发其他队员的积极性，从而教育学生只有不怕苦、不怕累，才能提高轮滑技艺，才能与轮滑合为一体，达到轮滑的最高境界，磨练意志，锻炼体质。

五、课程评价

本课程采用：技能评价、积分制评价和展示性评价三种评价方式。

（一）技能评价：

1. 根据学生体能技能实际提高程度，随堂评价；

2. 根据课堂任务完成情况，总结性评价；

3. 分层次的阶段性测试评价；

4. 年终性的技能评价，全年知识技能、心理素质、思想品德的综合评价。

（二）积分制评价

本课程采用水平分组、小组合作形式进行积分制评价，学习过程中对本节课学习内容完成优秀的小组，每人加 3 分，良好的小组加 2 分，合格的小组加 1 分，不合格的小组为 0 分。

（三）展示性评价

在每个不同环节进行一次评选，通过学期末现场比赛，评选出"最快速滑小达人"、"最美花样小达人"，并颁发放奖状和轮滑工具作为奖励。在比赛过程中，发现和学习别人的优点和特色，反思自身的缺点与不足，共同受益，共同进步。

（课程设计：李　纯）

拳 力 以 赴

适合对象：二至三年级

一、课程背景

中国武术在华夏土地上流传了数千年，历史悠久并植根于民间。它来源于人们的生产实践、军事战争和社会活动，在中国文化的长期熏陶哺育下，具有鲜明的民族文化特色，世代相传，历久不衰，逐渐成为民族传统体育项目。

中国武术具有多彩的形式、丰富的内容、深邃的文化意蕴，具有健身、防身、修性、竞技、娱乐等多方面的社会功能，不仅为广大群众喜闻乐见，而且得到越来越多的国家和人民的青睐。

本课程理念是：健康第一、立德树人。在武术教学中，教师以标准、规范的动作示范（如长拳的架势舒展、快速有力、节奏明显，太极的柔和缓慢、刚柔相济、轻灵沉着），使学生体验武术动作的形体美、力度美、娴熟美和健康美，产生学习武术的极大兴趣，也提高掌握动作要领的效率。而且把每一招每一式动作攻防含义讲解清楚，有利于使学生头脑中有明显的攻防意识。通过对武术的学习，使学生了解、掌握一项运动技能，并使其在毕业前参加一次比赛，使其拥有一项特长，具备防身自卫能力，能够增长劲力、抗击摔打，培养道德情操、弘扬民族精神，并且更实质地认识到尊师重道、谦虚谨慎等国学的传统思想。

二、课程目标

（一）通过教学，学生初步了解武术的基本知识和运动特点，初步掌握简单的武术基本功、基本动作、武术健身操和武术套路。

（二）增强肌肉、韧带的伸展性和弹性,加大关节活动的灵活性和幅度,发展身体柔韧、灵敏、协调等素质,体验武术动作的速度、力量和节奏感。

（三）培养学生认真学习、刻苦锻炼、与同学友好相处、以礼相待、相互交流与合作等行为习惯,以及对武术的学习兴趣和民族自豪感,为进一步学习武术打下基础。

三、课程内容

根据《新课程标准》,以"健康第一"为指导思想,根据本校的实际情况,把本课程分为上下学期三大模块共28课时。第一部分是武术基础理论知识;第二部分是武术基本技术;第三部分是武术套路。

上学期教学内容(14课时):

（一）武术基础理论知识

1. 武术的概述

2. 武德教育

3. 武术的概念

4. 武术运动的特点

5. 武术的价值与社会功能

（二）武术基本技术动作

1. 基本手型:拳、掌、钩

2. 基本手法:抱拳礼、抱拳、冲拳、推掌、穿掌、挑掌、撩掌

3. 基本步型:弓步、马步、仆步、歇步、虚步

4. 基本腿法:正踢腿、侧踢腿、里合腿、外摆腿、侧踹腿、弹踢腿

（三）武术套路练习

1. 武术健身操《旭日东升》

2. 五步拳

3. 初级长拳第一路

下学期教学内容(14 课时)：

（一）武术基础理论知识

1. 长拳的概说

2. 长拳的技法特点

3. 长拳的基本动作及方法

（二）武术基本技术动作

1. 基本手型：拳、掌、钩

2. 基本手法：抱拳礼、抱拳、冲拳、推掌、穿掌、挑掌、撩掌

3. 基本步型：弓步、马步、仆步、歇步、虚步

4. 基本腿法：正踢腿、侧踢腿、里合腿、外摆腿、侧踹腿、弹踢腿

5. 跳跃：腾空飞脚

6. 平衡：提膝平衡、侧身平衡、燕式平衡、仰身平衡、扣腿平衡

7. 跌扑滚翻：抢背、鲤鱼打挺、侧空翻、旋子

（三）武术套路练习

初级长拳第二路

四、课程实施

本课程实施之前应该有所准备：提前搜集优秀运动员参加全国锦标赛和世界锦标赛的比赛视频和影视明星精彩的武打动作视频，搜集有关教学技术动作视频。并且根据学生能力情况进行分组和小组合作任务的培养，为武术教学做好准备。上学期实施路径与方法如下：

（一）欣赏与了解

欣赏各类优秀运动员在全国锦标赛和世界锦标赛上进行武术比赛的精彩视频，包括武术的长拳、太极拳、南拳、剑术、刀术、棍术、枪术、集体项目的对练比赛视频。欣赏影视明星精彩的武打动作影片，激发学生对武术学习的兴趣和激情。通过讲解武术基础理论知识，使学生初步了解武术的基本知识和运动特点。

（二）模仿与练习

学习武术,首先练习武术基本功和基本动作,基本动作是套路运动的基础,任何拳术、器械套路都离不开基本动作。再学习武术健身操《旭日东升》,这套武术操是基本动作组合起来的,加上音乐的节奏和劲力,能有效激发学生对武术学习的兴趣。接着学习五步拳和初级长拳第一路,采用多种教学方法,运用直观教学法、完整与分解教学法、预防与纠正错误法、练习法、比赛法等。由于长拳动作复杂多变,个别动作又繁难,多采用分解教学法。将较难的动作分成若干个小节进行教学,等将这些动作基本学会后再做完整练习。教学中遵循精讲多练的原则,让学生在练习中不断提高对动作规格的理解和掌握,充分调动学生训练的积极性和主动性,提高教学效率。

（三）自主与合作

自由选择小组合作,互相观察和纠正对方的错误动作及节奏,使自己更快掌握动作要领。教师适时用语言提示:快、震、落、停。逐一掌握动作的节奏和动作间的衔接,最后达到整个套路的流畅自如,富有节奏。在此过程中培养团结合作、自主学习和互相沟通的能力,学生更能明白合作的重要性,最后呈现的是勇武刚强、自强不息的武德精神以及奋发向上、开拓进取、勇往直前的创新精神。

（四）排练与展示

全体学生共同选择一套武术套路,配以音乐伴奏编排动作进行练习,在学期末的沙龙活动中进行展示。在排练的过程中,教师协助指导,让学生反复练习,最后让学生将自己的成果展示给观众看。促进学生身心健康发展,从而提高练习的兴趣。

下学期实施路径与方法如下:

（一）欣赏与了解

欣赏教学视频初级长拳第二路规定动作,使学生对第二路长拳的动作节奏和方向有大概的了解。讲解长拳的由来、技法特点,使学生初步了解长拳的基本知识和运动特点。

（二）模仿与练习

首先巩固武术基本功和基本动作。基本动作是套路运动的基础,习武如同建楼一样,有多好、多深的基础,就有多好、多高的发展空间,练好基本功与基本动作,为长拳的套路学习打下坚实的基础。再学习初级长拳第二路,采用多种教学方法,运用直观教学法、完整与分解教学法、预防与纠正错误法、练习法、比赛法等,让学生在练习中不断提高对动作规格的理解和掌握,充分调动学生训练的积极性和主动性,提高教学效率。

（三）自主与合作

自由选择小组合作,互相观察和纠正对方的错误动作及节奏,使自己更快掌握动作要领。教师适时用语言提示:快、震、落、停。逐一掌握动作的节奏和动作间的衔接,最后达到整个套路的流畅自如,富有节奏。

（四）排练与展示

全体学生共同选择初级长拳第二路,配以音乐伴奏编排动作进行练习,在学期末的沙龙活动中进行展示。在排练的过程中,教师协助指导,让学生反复练习,最后让学生将自己的成果展示给观众看。促进学生身心健康发展,从而提高练习的兴趣。

五、课程评价

本课程采取技术评价和展示性评价,具体评价如下:

（一）技评:

内容:结合各学期所学的武术操和武术套路。

方法:5 人为一组进行考试。

要求:

1. 结合各学期所学的武术套路中的基本步型、基本手型。

2. 动作舒展到位,形神兼备。

评分标准:

优秀:套路熟练,动作标准连贯,身体姿态协调,动作幅度大,有节奏、有力度,具有较强表现力。

良好：套路熟练，身体姿态一般，动作较标准连贯，动作幅度较大，有节奏、有力度，具有一定表现力。

一般：动作较标准，动作幅度一般，动作不太连贯，有个别小错误，表现力一般。

合格：动作不太标准，能连贯完成，有个别明显错误。

不合格：套路有所遗忘，错误动作较多，连接有错误。

3. 平时成绩：根据学生的平时测验、课堂表现、学习态度、跟同学合作、出勤等表现评分。

4. 总评＝（技评＋平时成绩）

（二）评选出"最佳武术明星"

采用自评、互评及他评相结合的方式，每一个学生可以自由选择学习过的武术操、武术套路和基本手型、步型，通过演练的方式，把整套的动作完整地表演出来，因此他们能全神贯注地欣赏别人的表演，客观地自我评价并为每一个同学做出公正的评价。这种评价方式将会营造和谐、团结的班级氛围，使每一个学生都能充分展示自己的才华，提高学习武术的主动性和积极性。

（课程设计：唐莉琼）

课程现场
5－5

羽 球 飞 扬

适合对象：三至六年级

一、课程背景

羽毛球运动是一项集竞技和娱乐于一身的体育运动项目，它既是奥运会的正式比赛项目，又是老少皆宜、易于掌握的大众体育项目。由于趣味性强，锻炼价值高，又极具竞争性，因而深受学生的喜爱。它是锻炼身体、增强体质的良好手段，也是培养现代人良好的道德风尚、陶冶情操的有效方法。通过锻炼和比赛，还能培养人顽强的拼搏精神和优良的意志品质，提高个人综合素质。

本课程以学习羽毛球运动的基本理论知识，熟悉球性、接发球、击球、步法、竞赛及裁判法为主要教学内容。通过教学初步掌握羽毛球基本技术，培养学习兴趣，在实战中进一步提高动作技术、技能的运用和裁判法，提高欣赏能力，为终身体育奠定基础。

本课程的理念是：师生齐参与，羽球展活力。以"羽"会友，加强校园内"羽"友们的沟通与交流；切磋"羽"艺，提高校园内师生的羽毛球水平；丰富学校生活，增添校园内"羽"友们的乐趣。活跃和丰富校园文化，形成我校体育运动的特色。

二、课程目标

（一）初步了解羽毛球运动相关知识及发展历史，掌握羽毛球基本技术、技能，激发对羽毛球运动的兴趣。

（二）发展灵活、协调、柔韧、力量、耐力等身体素质。

（三）培养勇敢、顽强、果断、坚韧的意志品质。增强集体荣誉感和爱国主义精神。

三、课程内容

根据新课程标准，以"健康第一"的思想为指导，结合我校的实际情况，把本课程把分为上下学期，四个模块：

（一）羽毛球运动知识

（二）羽毛球技能

1. 低年段：初步学习羽毛球握拍、发球和接发球、步法、击高远球技术动作,培养学习兴趣。

2. 高年段:熟练掌握低年段内容,初步学习网前挑球、网前球等技术动作,形成正确的动作表象。

(三)羽毛球技战术

借助画图、视频讲解和临场指导,让学生初步了解各项战术,并适时运用到练习和比赛中。

(四)羽毛球规则和裁判法

初步了解羽毛球运动的场地、规则和裁判法,能在教学比赛中担任裁判工作。

四、课程实施

根据我校实际情况,"羽球飞扬"课程教学分为理论课和实践课两种课型,3—6年级每周一节课。采用先集中学习,再分组、分层练习的教学方法。通过表扬、激励学生,评选"羽毛球小明星""优秀小组""进步快典型",激发学习兴趣和学习积极性。具体实施安排如下:

上学期两大模块共28课时,分别由羽毛球运动知识、羽毛球技能、羽毛球技战术、羽毛球规则和裁判法四部分组成:

(一)羽毛球运动知识

1. 通过观看视频和老师的讲解,了解羽毛球运动的起源与发展以及中国在羽毛球项目上取得的荣誉。

2. 增强集体荣誉感、培养爱国主义精神。

3. 开展趣味问答,说出自己了解的羽毛球明星,提高对羽毛球运动的兴趣。

(二)羽毛球技能

1. 低年段:初步学习羽毛球握拍、发球和接发球、步法、击高远球技术动作,形成正确的动作表象,培养学生的学习兴趣。

2. 高年段:熟练掌握低年段内容,初步学习网前挑球、网前球等技术动作,形成正确的动作表象。

3. 熟练掌握所学技术动作,能把所学技术动作结合步法合理运用到练习、比赛中。

4. 在学习过程中,培养自主学习、合作学习、探究学习等良好的习惯,形成努力进取、勇敢拼搏、团结合作的精神。

(三)羽毛球技、战术

1. 初步掌握一定的战术,结合图片和视频,在临场练习和比赛中,运用各项技术和战术。

2. 增强羽毛球运动的兴趣,培养积极思考的能力、团结合作的集体主义精神。

(四)羽毛球规则和裁判法

1. 初步了解羽毛球运动的规则和裁判法。

2. 基本掌握裁判规则的判罚,能自己组织教学比赛并担任裁判。

3. 教学比赛中,轮流做裁判。

五、课程评价

本课程采用:技能评价、积分制评价和展示评价三种评价方式:

(一)技能评价

根据掌握技术动作情况评出优秀、良好、及格、待合格四个等级:

优秀:动作正确、规范、击球连贯、身体各部位协调、灵活;

良好:动作较正确、规范,身体各部位较为协调;

合格:能够掌握所学动作,但是动作连续性差、身体不协调;

待合格:不能完成所学的动作技术,身体各部位不协调、僵硬。

(二)积分制评价

本课程采用水平分组,小组合作形式进行积分制评价,学习过程中对本节课学习内容完成优秀的小组,每人加 3 分,良好的小组加 2 分,合格的小组加 1 分,不合格的小组为 0 分。

(三)展示性评价

在学期末通过民主投票和技术测评,综合性评选出"羽毛球小明星"、"优秀小组"、"进步快典型"。通过评价知道评价的公平公正原则，懂得欣赏别人，学会发现别人的优点，反思自身的缺点与不足。

（课程设计：吕俊伟）

微笑课程：学校文化的一道亮丽风景

课程的本质是什么？是文化,课程是进入学校教育领域的特殊文化。从课程开发到课程文化营造,从课程实施到课程浸润生命,从课程评价到学生个性发展,所有这些,构成了学校文化的一道亮丽风景。

　　学校课程建设应注重以学校为办学主体,追求自己的发展目标和教育风格,形成自己的校园文化。基于这样的认识,在学校"微笑教育"理念的引领下,我们提出促进学生个性发展,加快教师专业成长,发挥不同课程优势的理念,为不同的学生提供适合自己身心发展的校本课程。经过多次敲定和修改,我们形成了五类课程,有润物细无声的自我与社会课程,有启迪智慧的科学与探索课程,有丰富心灵的艺术与审美课程,有感发生命的语言与交往课程,有强身健体的运动与健康课程。这些课程的开发使学生获得了亲身参与研究探索的体验,学会了分享、尊重与合作,提高了发现、提出和分析问题的能力,培养了人文精神和科学素养。

　　课程作为知识的存在与再现,其根本在于,生命与世界的联系由此走向丰盈、走向深刻、走向多维。一花一世界,一种一生命。在生命枯荣消长的轮回中,每个生命都会自然生长。我们的校本课程深深植根于学校。师生对它的感情、倾注的智慧、秉承的学校办学思想、学校的文化资源以及师生加工处理的各种信息资源,都是它赖以生存和发展的空间。在开发区二小"微笑教育"阳光沐浴下的教育种子,定会绽放出生命别样的精彩。

　　新课程理念已经倡导了数十年,全国上下都在寻找创新和突破。学校的微笑课程,是国家课程的一个延伸,从"我们"出发,以预设的思路,建立起由"准课程"到"课程"的通道。从多年的活动经验,如校园六大节日、学科竞赛组织、班级特色文化等形式,渐进到开发出不同类型的有规划、有教材、有考核、有评价的课程形态。

　　丰富多彩的学生实践课程是学校文化传统鲜活的标本。从学生成长需要出

微笑课程：学校文化的一道亮丽风景

发,以生成的思路,开发出新的课程。诸如泥塑、表演、魔方、球类等都开发成固定的课程形式。

学校课程的核心在于对生命发展的思考,如体育,还有什么比这样的课程更重要的呢?体能不强大,体质不好,生命还看得见力和美吗?心灵还看得见拼搏与奋斗吗?团队还看得见合作与竞争吗?

因此,所有课程的开发,都发源于一系列提问:我们要将成长中的孩子带向哪里?我们为他们的生命提供哪些可能?我们是不是让他们因为课程的存在而不断重新发现自己的潜能?不断调整自我与他人的关系?

学校课程深度变革丛书

进入学科深处的六个秘密　　978 - 7 - 5675 - 5810 - 6　28.00　2016 年 12 月

新美课程:演绎生命之诗　　978 - 7 - 5675 - 7552 - 3　48.00　2018 年 5 月

跨界学习:学校课程变革的新取向　978 - 7 - 5675 - 7612 - 4　34.00　2018 年 6 月

以学习为中心的课程实施　978 - 7 - 5675 - 7817 - 3　48.00　2018 年 8 月

聚焦学习的课程评估:L - ADDER 课程评估工具与应用

　　　　　　　　　　　978 - 7 - 5675 - 7919 - 4　40.00　2018 年 11 月

学科核心素养与学科课程群　978 - 7 - 5675 - 8339 - 9　48.00　2019 年 1 月

大风车课程:童趣与想象　978 - 7 - 5675 - 8674 - 1　38.00　2019 年 3 月

蒲公英课程：综合实践活动课程的校本创意与深度

　　　　　　　　　　　978 - 7 - 5675 - 8673 - 4　52.00　2019 年 3 月

MY 课程:叩响儿童心灵　978 - 7 - 5675 - 7974 - 3　39.00　2018 年 10 月

课程实施的 10 种模式　978 - 7 - 5675 - 8328 - 3　45.00　2019 年 1 月

聚焦式课程变革:制度设计与深度推进

　　　　　　　　　　　978 - 7 - 5675 - 8846 - 2　36.00　2019 年 4 月

以素养为核心的学科课程图谱　978 - 7 - 5675 - 9041 - 0　58.00　2019 年 4 月

全经验课程:在地文化与实践演绎　978 - 7 - 5675 - 8957 - 5　54.00　2019 年 6 月

课堂教学转型丛书

上一堂灵魂渗着香的课　978 - 7 - 5675 - 3675 - 3　36.00　2015 年 8 月

把课堂打造成梦的样子　978 - 7 - 5675 - 3645 - 6　26.00　2015 年 8 月

整个世界都是教室　　978 - 7 - 5675 - 5007 - 0　22.00　2016 年 6 月

寻找课堂教学的文化基因　978 - 7 - 5675 - 5005 - 6　22.00　2016 年 5 月

课堂是一种态度　　978 - 7 - 5675 - 3871 - 9　28.00　2015 年 10 月

给孩子最美好的东西   978 – 7 – 5675 – 4200 – 6 30.00   2015 年 11 月

把每一个孩子深深吸引   978 – 7 – 5675 – 4150 – 4 24.00   2016 年 1 月

每一间教室都有梦   978 – 7 – 5675 – 4029 – 3 30.00   2015 年 10 月

课堂,可以春暖花开   978 – 7 – 5675 – 3676 – 0 24.00   2015 年 10 月

课堂,与美相遇的地方   978 – 7 – 5675 – 5836 – 6 24.00   2017 年 1 月

赴一场思想的盛宴   978 – 7 – 5675 – 5838 – 0 28.00   2017 年 1 月

突破平面学习:神奇的"南苑学习单"

                              978 – 7 – 5675 – 5825 – 0 29.00   2017 年 1 月

让学习看得见:"226"教改实验研究

                              978 – 7 – 5675 – 6214 – 1 32.00   2017 年 4 月

每一种意见都很重要:"责任课堂"的维度与操作

                              978 – 7 – 5675 – 6216 – 5 30.00   2017 年 4 月

品质课程丛书

活跃的课程图景   978 – 7 – 5675 – 6941 – 6 42.00   2017 年 11 月

课程情愫:学校课程发展的另类维度

                              978 – 7 – 5675 – 7014 – 6 42.00   2017 年 11 月

突破大杂烩:有逻辑的学校课程变革

                              978 – 7 – 5675 – 6998 – 0 52.00   2017 年 11 月

课程群:学习的深度聚焦   978 – 7 – 5675 – 6981 – 2 45.00   2017 年 11 月

嵌入式课程:特色课程的路径和方略

                              978 – 7 – 5675 – 6947 – 8 42.00   2017 年 11 月

课堂教学新样态

一百个孩子,一百个世界:基于差异的教学变革

	978 - 7 - 5675 - 6810 - 5	32.00	2017 年 10 月
让课堂洋溢生命感:L-O-V-E教学法的精彩演绎			
	978 - 7 - 5675 - 6977 - 5	32.00	2017 年 11 月
课堂如诗:"雅美课堂"的姿态	978 - 7 - 5675 - 7219 - 5	36.00	2018 年 3 月
近处无教育	978 - 7 - 5675 - 7536 - 3	32.00	2018 年 3 月
课堂,与美最近的距离	978 - 7 - 5675 - 7486 - 1	32.00	2018 年 4 月
课堂,涵养生命的园圃	978 - 7 - 5675 - 7535 - 6	36.00	2018 年 6 月
协同教学:意蕴与智慧	978 - 7 - 5675 - 8163 - 0	42.00	2018 年 9 月
课堂不是一个盒子	978 - 7 - 5675 - 8004 - 6	38.00	2019 年 1 月
在教室里眺望世界:基于 BYOD 的教学方式变革			
	978 - 7 - 5675 - 8247 - 7	48.00	2019 年 3 月

特色学校聚焦丛书

每一个孩子都是一棵树	978 - 7 - 5675 - 6978 - 2	28.00	2018 年 1 月
教育不是一个人的事:"众教育"36 条			
	978 - 7 - 5675 - 7649 - 0	32.00	2018 年 8 月
不一样的生命,一样的精彩	978 - 7 - 5675 - 8675 - 8	34.00	2019 年 3 月
童味正醇:特色学校的文化图谱	978 - 7 - 5675 - 8944 - 5	39.00	2019 年 8 月
特色普通高中课程建设探索	978 - 7 - 5675 - 9574 - 3	34.00	2019 年 10 月

图书在版编目(CIP)数据

学校课程发展策略:SMILE 课程的逻辑与深度/李悦新主编. —上海:华东师范大学出版社,2019
(品质课程实验研究丛书)
ISBN 978 - 7 - 5675 - 9302 - 2

Ⅰ.①学… Ⅱ.①李… Ⅲ.①课程建设 Ⅳ.①G423

中国版本图书馆 CIP 数据核字(2019)第 215196 号

品质课程实验研究丛书

学校课程发展策略：SMILE 课程的逻辑与深度

丛书主编　杨四耕
主　　编　李悦新
责任编辑　刘　佳
项目编辑　林青荻
特约审读　李　鑫
责任校对　郭　琳
装帧设计　卢晓红

出版发行　华东师范大学出版社
社　　址　上海市中山北路 3663 号　邮编 200062
网　　址　www.ecnupress.com.cn
电　　话　021 - 60821666　行政传真 021 - 62572105
客服电话　021 - 62865537　门市(邮购)电话 021 - 62869887
地　　址　上海市中山北路 3663 号华东师范大学校内先锋路口
网　　店　http://hdsdcbs.tmall.com

印 刷 者　上海华顿书刊印刷有限公司
开　　本　787×1092　16 开
印　　张　15.5
字　　数　227 千字
版　　次　2019 年 12 月第 1 版
印　　次　2020 年 9 月第 2 次
书　　号　ISBN 978 - 7 - 5675 - 9302 - 2
定　　价　46.00 元

出 版 人　王　焰